田径运动实用教程
TIANJING YUNDONG SHIYONG JIAOCHENG

主　编　谢向阳　张　卫
副主编　解正伟　陈雪琼　沈冬冬　李清榕

中山大学出版社
SUN YAT-SEN UNIVERSITY PRESS
·广州·

版权所有　翻印必究

图书在版编目（CIP）数据

田径运动实用教程/谢向阳，张卫主编；解正伟，陈雪琼，沈冬冬，李清榕副主编. —广州：中山大学出版社，2019.12

ISBN 978 - 7 - 306 - 06748 - 7

Ⅰ. ①田… Ⅱ. ①谢… ②张… ③解… ④陈… ⑤沈… ⑥李… Ⅲ. ①田径运动—高等职业教育—教材 Ⅳ. ①G82

中国版本图书馆 CIP 数据核字（2019）第 241638 号

出版人：	王天琪
策划编辑：	吕肖剑
责任编辑：	周明恩
封面设计：	曾　斌
责任校对：	罗梓鸿
责任技编：	何雅涛
出版发行：	中山大学出版社
电　　话：	编辑部 020 - 84111946，84111996，84111997，84113349
	发行部 020 - 84111998，84111981，84111160
地　　址：	广州市新港西路 135 号
邮　　编：	510275　　传　真：020 - 84036565
网　　址：	http：//www.zsup.com.cn
	E - mail: zdcbs@mail.sysu.edu.cn
印刷者：	广东虎彩云印刷有限公司
规　　格：	787mm×1092mm　1/16　12 印张　250 千字
版次印次：	2019 年 12 月第 1 版　2023 年 8 月第 5 次印刷
定　　价：	32.80 元

如发现本书因印装质量影响阅读，请与出版社发行部联系调换

内容简介

本教材是根据体育高等职业院校人才培养目标的实际需要，参考全国体育院系普修或函授田径运动教材等编写而成。全书共十三章，主要阐述了田径运动的基本知识、技术教学与训练的基本理论及方法和竞赛组织与裁判等。

本教材注重实用性和科学性，通俗易懂，可作为高校体育专业教学用书，也可供体育爱好者参考。

目　录

项目一　田径运动概述 ⋯⋯⋯⋯⋯⋯⋯⋯⋯⋯⋯⋯⋯⋯⋯⋯⋯⋯⋯⋯⋯⋯⋯ 1
　　任务一　田径运动的定义及项目分类 ⋯⋯⋯⋯⋯⋯⋯⋯⋯⋯⋯⋯⋯⋯ 1
　　任务二　田径运动的特点与功能 ⋯⋯⋯⋯⋯⋯⋯⋯⋯⋯⋯⋯⋯⋯⋯⋯ 6
　　任务三　田径运动的发展概况 ⋯⋯⋯⋯⋯⋯⋯⋯⋯⋯⋯⋯⋯⋯⋯⋯⋯ 8

项目二　田径运动的技术原理 ⋯⋯⋯⋯⋯⋯⋯⋯⋯⋯⋯⋯⋯⋯⋯⋯⋯⋯ 13
　　任务一　跑的技术原理 ⋯⋯⋯⋯⋯⋯⋯⋯⋯⋯⋯⋯⋯⋯⋯⋯⋯⋯⋯⋯ 13
　　任务二　跳跃的技术原理 ⋯⋯⋯⋯⋯⋯⋯⋯⋯⋯⋯⋯⋯⋯⋯⋯⋯⋯⋯ 16
　　任务三　投掷的技术原理 ⋯⋯⋯⋯⋯⋯⋯⋯⋯⋯⋯⋯⋯⋯⋯⋯⋯⋯⋯ 19

项目三　田径运动教学与训练 ⋯⋯⋯⋯⋯⋯⋯⋯⋯⋯⋯⋯⋯⋯⋯⋯⋯⋯ 22
　　任务一　田径运动教学 ⋯⋯⋯⋯⋯⋯⋯⋯⋯⋯⋯⋯⋯⋯⋯⋯⋯⋯⋯⋯ 22
　　任务二　田径运动训练 ⋯⋯⋯⋯⋯⋯⋯⋯⋯⋯⋯⋯⋯⋯⋯⋯⋯⋯⋯⋯ 29

项目四　短　跑 ⋯⋯⋯⋯⋯⋯⋯⋯⋯⋯⋯⋯⋯⋯⋯⋯⋯⋯⋯⋯⋯⋯⋯⋯ 37
　　任务一　短跑技术 ⋯⋯⋯⋯⋯⋯⋯⋯⋯⋯⋯⋯⋯⋯⋯⋯⋯⋯⋯⋯⋯⋯ 37
　　任务二　短跑教学 ⋯⋯⋯⋯⋯⋯⋯⋯⋯⋯⋯⋯⋯⋯⋯⋯⋯⋯⋯⋯⋯⋯ 41
　　任务三　短跑训练的内容与方法 ⋯⋯⋯⋯⋯⋯⋯⋯⋯⋯⋯⋯⋯⋯⋯⋯ 44

项目五　中长跑 ⋯⋯⋯⋯⋯⋯⋯⋯⋯⋯⋯⋯⋯⋯⋯⋯⋯⋯⋯⋯⋯⋯⋯⋯ 49
　　任务一　中长跑技术 ⋯⋯⋯⋯⋯⋯⋯⋯⋯⋯⋯⋯⋯⋯⋯⋯⋯⋯⋯⋯⋯ 49
　　任务二　中长跑教学 ⋯⋯⋯⋯⋯⋯⋯⋯⋯⋯⋯⋯⋯⋯⋯⋯⋯⋯⋯⋯⋯ 53
　　任务三　中长跑训练的内容与方法 ⋯⋯⋯⋯⋯⋯⋯⋯⋯⋯⋯⋯⋯⋯⋯ 56

项目六　跨栏跑 ⋯⋯⋯⋯⋯⋯⋯⋯⋯⋯⋯⋯⋯⋯⋯⋯⋯⋯⋯⋯⋯⋯⋯⋯ 61
　　任务一　跨栏跑技术 ⋯⋯⋯⋯⋯⋯⋯⋯⋯⋯⋯⋯⋯⋯⋯⋯⋯⋯⋯⋯⋯ 61
　　任务二　跨栏跑教学 ⋯⋯⋯⋯⋯⋯⋯⋯⋯⋯⋯⋯⋯⋯⋯⋯⋯⋯⋯⋯⋯ 65
　　任务三　跨栏跑训练的内容与方法 ⋯⋯⋯⋯⋯⋯⋯⋯⋯⋯⋯⋯⋯⋯⋯ 69

项目七　跳　高 ··· 73
任务一　跳高技术 ·· 73
任务二　跳高教学 ·· 78
任务三　跳高训练的内容与方法 ·· 80

项目八　跳　远 ··· 84
任务一　跳远技术 ·· 84
任务二　跳远教学 ·· 89
任务三　跳远训练的内容与方法 ·· 92

项目九　推铅球 ··· 94
任务一　推铅球技术 ··· 94
任务二　推铅球教学 ··· 99
任务三　推铅球训练的内容与方法 ·· 101

项目十　掷标枪 ··· 108
任务一　掷标枪技术 ··· 108
任务二　掷标枪教学 ··· 112
任务三　掷标枪训练的内容与方法 ·· 117

项目十一　马拉松 ·· 121
任务一　马拉松技术 ··· 121
任务二　马拉松教学 ··· 124
任务三　马拉松训练的内容与方法 ·· 128

项目十二　田径运动其他项目介绍 ······································ 136
任务一　竞走 ··· 136
任务二　接力跑 ·· 139
任务三　3000 米障碍跑 ·· 141
任务四　撑竿跳高 ··· 145
任务五　三级跳远 ··· 147
任务六　掷铁饼 ·· 149
任务七　掷链球 ·· 152

　　　任务八　全能运动 ·· 155

项目十三　田径运动场地与竞赛常识 ······················· 157
　　　任务一　田径运动场地 ·· 157
　　　任务二　田径运动权威组织 ·································· 160
　　　任务三　田径运动的重大赛事 ······························ 161
　　　任务四　田径运动竞赛裁判法 ······························ 164

参考文献 ··· 184

项目一　田径运动概述

【学习指导】田径运动具有悠久的历史，现代田径运动起源于英国，经过了近200年的发展。田径运动是由径赛和田赛、公路赛、竞走、越野跑和山地跑组成的运动项目；主要根据性别、年龄、比赛项目、比赛场地（室内或室外），以及国家和地区开展田径运动的实际情况来进行分类，主要分为径赛、田赛、全能、公路跑和竞走等。田径运动具有项目多、奖牌多、参赛国家和地区多、参赛运动员多等特点；田径运动除具有竞技、教育和健身功能外，还是竞技体育各运动项目的基础、学校体育的基本内容、群众体育的主要内容。田径运动显现出竞技水平不断提高，不断突破人类运动极限，世界纪录不断更新；比赛多，规模大；运动员职业化；更加重视专项训练与训练负荷以强度为主；加强教练员培训及科学化训练；高科技产品在田径训练与竞赛中广泛运用；实力新格局具有多极化发展等趋势。

任务一　田径运动的定义及项目分类

一、田径运动的定义

田径运动是由径赛和田赛、公路赛、竞走、越野跑和山地跑组成的运动项目。它包括在场地进行比赛的竞走、跑、跳跃、投掷等各个项目和由部分跑、跳跃和投掷项目组成的全能运动。其中，以时间计算成绩的竞走和跑的项目，叫"径赛"；以高度和远度计算成绩的跳跃和投掷项目，叫"田赛"。除此以外，还包括在公路上进行比赛的公路跑和公路竞走、在空旷的田野或树林地带进行比赛的越野跑和主要路段在山野进行比赛的山地跑等项目。目前，它是世界上最为普及且易于开展、推广的体育运动项目之一。

田径运动以发展和表现人的体能为主，同时以众多的单个项目的不同技术体现出田径运动独特的体育技艺。虽然它包括竞走、各种奔跑、跳跃、投掷及全能等项目，且各个项目都有自己的技术特点，但是，人们还是以多年传统的习惯把它概括起来，统称为"田径运动"。

二、田径运动的项目分类

田径运动项目主要根据性别、年龄、比赛项目、比赛场地（室内或室外），以及国家和地区开展田径运动的实际情况来进行分类。

（一）世界田径运动的项目分类

田径运动分为在场地上进行比赛的田赛、径赛和全能运动，在公路上进行比赛的公路跑和公路竞走，以及在空旷的田野或树林地带和山野进行比赛的越野跑和山地跑。（见表1-1、表1-2）

表1-1 国际田径联合会承认世界田径纪录的项目

分类	设项	组别				备注
		男	女	青年男子	青年女子	
径赛	100米	+	+	+	+	只承认全自动电子计时成绩的项目
	200米	+	+	+	+	
	400米	+	+	+	+	
	100米栏		+		+	
	110米栏	+		+		
	400米栏	+	+	+	+	全自动电子计时或手计时均可的项目
	4×100米接力	+	+	+	+	
	800米	+	+	+	+	
	1000米	+	+	+	+	
	1500米	+	+	+	+	
	1英里	+	+	+	+	
	2000米	+	+			
	3000米	+	+	+	+	
	5000米	+	+	+	+	
	10000米	+	+	+	+	
	20000米	+	+			
	1小时跑	+	+			
	25000米	+	+			
	30000米	+	+			
	3000米障碍跑	+		+	+	
	4×200米接力	+	+			
	4×400米接力	+	+	+	+	
	4×800米接力	+	+			

项目一　田径运动概述

（续表1-1）

分类	设项	组别				备注
		男	女	青年男子	青年女子	
径赛	4×1500米接力	+				
	5000米竞走		+			
	10000米竞走		+	+	+	
	20000米竞走	+	+			
	2小时竞走	+				
	30000米竞走	+				
	50000米竞走	+				
田赛	跳高	+	+	+	+	
	撑竿跳高	+	+	+	+	
	跳远	+	+	+	+	
	三级跳远	+	+	+	+	
	推铅球	+	+	+	+	
	掷铁饼	+	+	+	+	
	掷标枪	+	+	+	+	
	掷链球	+	+	+	+	
全能	七项全能		+		+	
	十项全能	+		+		
公路跑和竞走	10千米	+	+			全自动电子计时或手计时均可的项目
	15千米	+	+			
	20千米	+	+			
	半程马拉松	+	+			
	25千米	+	+			
	30千米	+	+			
	马拉松	+	+			
	100千米	+	+			
	公路接力（只限马拉松距离）	+	+			
	10千米竞走			+	+	
	20千米竞走	+	+			
	50千米竞走	+	+			

注：" + "号表示该项目有世界纪录。

表1-2 国际田径联合会承认世界室内田径纪录的项目

分类	设项	男	女	备注
径赛	50米	+	+	只承认全自动电子计时成绩的项目
	60米	+	+	
	200米	+	+	
	400米	+	+	
	50米栏	+	+	
	60米栏	+	+	
	800米	+	+	全自动电子计时或手计时均可的项目
	1000米	+	+	
	1500米	+	+	
	1英里	+	+	
	3000米	+	+	
	5000米	+	+	
	3000米竞走		+	
	5000米竞走	+		
	4×200米接力	+	+	
	4×400米接力	+	+	
	4×800米接力	+	+	
田赛	跳高	+	+	
	撑竿跳高	+	+	
	跳远	+	+	
	三级跳远	+	+	
	推铅球	+	+	
全能	五项全能		+	
	七项全能	+		

注:"+"号表示该项目有世界纪录。

(二)我国田径运动的项目分类

各个国家和地区为了参加世界性和国际上的田径比赛,都使本国和本地区的训练和竞赛与世界接轨,沿用或参照国际田径联合会(简称"国际田联")承认世界纪录的比赛项目。同时,又按照本国和本地区的实际情况,确定比赛项目,承认国家和地区纪录。

项目一 田径运动概述

除了承认国际田联承认世界田径纪录的项目为全国田径纪录外，我国还承认以下项目：全国青年男子最好成绩——20000米竞走；全国青年女子最好成绩——20000米竞走。

全国少年田径纪录项目见表1-3：

表1-3 我国承认全国少年田径纪录的项目

分类	设项	男	女	备注
径赛	60米	+	+	
	100米	+	+	
	200米	+	+	
	400米	+	+	
	800米	+	+	
	1500米	+	+	
	3000米	+	+	
	5000米	+		
	100米栏		+	
	110米栏（91.4厘米）	+		
	200米栏	+	+	
	400米栏	+	+	
	4×100米接力	+	+	
	4×200米接力	+	+	
	4×400米接力	+	+	
	3000米竞走		+	
	5000米竞走	+	+	
	10000米竞走	+		
田赛	跳高	+	+	
	撑竿跳高	+	+	
	跳远	+	+	
	三级跳远	+	+	
	推铅球	+	+	
	掷铁饼	+	+	
	掷标枪	+	+	
	掷链球	+	+	

(续表1-3)

分类	设项	男	女	备注
全能	三项全能	+	+	
	五项全能	+	+	
	七项全能		+	

注:"+"号表示该项目有世界纪录。

任务二　田径运动的特点与功能

一、田径运动的特点

田径运动是奥运会、洲际运动会、国家和地区运动会等大型综合性运动会的主要比赛项目,而且田径运动比赛都安排在奥运会和大型综合性运动会的中心运动场或主运动场进行。因此,田径运动比赛具有很大的社会影响力。田径运动具有以下几个特点。

(一)项目多

在奥运会和大型综合性运动会中,田径运动是设置比赛项目最多的运动项目。1896年的第1届奥运会田径比赛设置12个项目。1928年的第9届奥运会允许女子参加田径比赛,田径比赛共设置27个项目(男子22项、女子5项)。到2008年的第29届奥运会,田径比赛已经发展到47个项目(男子24项、女子23项)。

(二)奖牌多

在奥运会和大型综合性运动会中,田径比赛的每个项目都设金、银、铜3块奖牌,因此,田径比赛总共有141块奖牌。它是奥运会和大型综合性运动会设奖牌数最多的项目。

(三)参赛国家和地区多

由于比赛项目多、奖牌多,许多国家和地区都选派运动员参加田径比赛。1896年的第1届奥运会有13个国家参加,其中有10个国家参加田径比赛。2008年的第29届奥运会有204个国家和地区参加,其中参加田径比赛的男运动员来自198个国家和地区,女运动员来自184个国家和地区。从历届奥运会参赛国家和地区来看,田径比赛一直是参赛国家和地区最多的一个项目。

（四）参赛运动员多

1896年的第1届奥运会，参赛运动员共311名，其中参加田径比赛的有59名。到2016年的第31届奥运会，参赛运动员共10500名，其中参加田径比赛的有2283名（男子1182名、女子1101名）。从历届奥运会参赛运动员人数来看，田径比赛一直是参赛运动员人数最多的一个项目。

田径运动一直以比赛项目多、奖牌多、参赛国家和地区多、参赛运动员人数多而引起世人瞩目。从近几届奥运会来看，几乎全世界所有的国家和地区都会选派运动员参加田径比赛。世界各国和地区都十分重视发展田径运动，都把田径运动发展水平作为衡量一个国家和地区体育总体水平的重要标志。因此，体育界素有"得田径者得天下"之说。

二、田径运动的功能

田径运动除了体育运动具有的竞技、教育、健身和娱乐等共性功能外，还具有特有的功能——基础性功能。

（一）田径运动是竞技体育各运动项目的基础

田径运动跑、跳跃和投掷的基本运动技能与竞技体育各运动项目有着密切的联系。这些基本技能无不与竞技体育各运动项目的技术有着直接的关系，是学习、掌握和提高各运动项目技术的基础。田径运动跑、跳跃和投掷的各种各样的练习形式，都能有效地发展速度、力量、耐力、灵敏性和协调性等身体素质。竞技体育各运动项目的训练都广泛运用田径运动相应的练习形式，来不断提高本项目的运动技术和身体素质训练水平，而这些又都是不断提高各运动项目运动成绩的基础。

（二）田径运动是学校体育的基本内容

田径运动一直是学校体育课的基本内容，对广大学生学习和掌握跑、跳跃和投掷的基本技能，以及增强体质发挥着积极的作用。过去，我国致力于发展竞技体育。因此，把竞技体育运动项目的技术原封不动地搬到学校体育课中进行教学，将学生对这些运动项目技术的掌握程度和运动水平作为体育课的考核成绩。

随着我国社会和经济的发展，人民生活水平的不断提高，学校体育的发展也发生了很大的变化。原封不动地搬用田径运动项目已经不能适应学校体育课发展的需要，也不能满足广大学生锻炼身体的需求。因此，要因人、因地、因时地选择和改造田径运动项目，充分发挥田径运动有利于学生提高跑、跳跃、投掷等基本技能并全面发展速度、力量、耐力、灵敏性、协调性等身体素质，有利于增强学生的体质，有利于培养学生勇敢顽强和坚强意志品质的功能，使田径运动在学校体育课中更合理、更科学地得到运用，并为广大学生所喜爱，积极发挥田径运动的基础作用。

（三）田径运动是群众体育的主要内容

经常地、科学地参加田径运动，能促进人体的新陈代谢，改善神经系统的调节功能和内脏器官的机能，提高人体健康水平和工作能力。田径运动中各种走和跑的练习形式，不受人数、年龄、性别、季节、气候等条件的限制，没有器材和设备的要求，更是广大群众进行健身活动喜欢选择的内容。因此，田径运动具有广泛的群众基础。

任务三　田径运动的发展概况

一、世界田径运动的发展

现代田径运动有近 200 年的发展历史。19 世纪 20 年代，在英国的学校中，首先开展田径运动并举办田径比赛。1894 年，英国伦敦曾经举行英国牛津大学与美国耶鲁大学之间的国际性田径比赛。

1896 年，在希腊雅典举行的第 1 届现代奥林匹克运动会就把田径运动列为比赛项目，设置了包括跑、跳跃和投掷等 12 个项目。当时的奥运会，只允许男子参加比赛。到 1928 年，在荷兰阿姆斯特丹举行的第 9 届奥运会才允许女子参加田径比赛，并设置了 5 个女子项目。

随着田径运动的不断发展，1912 年在瑞典斯德哥尔摩成立了国际业余田径联合会，现改为国际田径联合会（简称"国际田联"），英文缩写为 IAAF。国际田联在世界上开展田径运动，制定田径比赛章程和规则，确定田径比赛项目，审批世界田径纪录，并促进国际田径交流等，使田径运动逐渐走向正规化和规范化，成为现代体育运动中最主要的运动项目之一，田径运动比赛也成为奥林匹克运动会的重要组成部分。

20 世纪 30 年代以前，田径运动技术水平不高，比赛中主要靠运动员的身体条件和素质水平来取得优势。50 年代以后，由于体育科学技术和研究工作的发展，田径运动的技术、训练和场地器材等都得到了迅速的发展，如采用背向滑步、背向旋转的投掷技术，采用俯卧式、背越式的跳高技术，采用滑翔标枪和尼龙撑竿新器材，使用塑胶跑道、海绵垫及电动撑竿跳高架等。特别是进入 21 世纪以来，世界和平的大环境与谋求发展的激烈竞争，使田径运动在世界范围以更快的速度继续向

项目一　田径运动概述

前发展，显现出以下趋势。

（一）田径项目竞赛越来越受到关注，竞争将更加激烈

随着许多国家经济的迅速发展，人们生活水平的提高，周工作时、工作日的减少，以及工作效率的提高，越来越多的人关注田径项目竞赛，更多的人将会参与不同项目的田径运动，以提高运动技能和身体健康水平，而随着田径运动技术水平的不断提高，田径项目的竞赛将更加激烈。

（二）田径运动整体发展水平不断提高

20世纪50年代至今，世界田径运动成绩不断提高，并达到较高的发展水平。世界田径运动总体竞技水平经过了迅速发展、提高和稳定的过程。世界田径运动发展表现出以下几个特点。

（1）从世界田径运动发展轨迹来看，世界田径运动的成绩呈现出持续发展的态势。

（2）世界田径运动在20世纪80年代期间整体水平高速发展后，在进入90年代后总体成绩发展势头趋向平稳，田径运动成绩越来越接近身体极限水平，例如，男子100米世界纪录达到9.58秒的极限成绩。

（3）在过去的30年里，世界田径运动成绩的发展呈现出一种锯齿状波浪形走势。在奥运会年、世锦赛年成绩总体水平基本上都处于高峰，男子田径竞技成绩基本上围绕奥运会和世锦赛波动。

（4）世界女子田径总体竞技水平呈递增趋势，女子田径运动水平发展速度高于男子。同时，女子田径运动总体成绩增幅也明显高于男子。

（三）运动竞技成绩的提高更加依赖教练员科学训练水平和科学技术的发展

目前，随着科学技术水平的飞速发展，越来越多的高科技渗透田径训练过程。在田径训练过程中，教练员和科研工作人员采用更加先进的科技手段进行训练和研究工作，田径运动竞赛成绩的提高将更加依赖于教练员科学训练水平和科学技术的发展。如利用电脑控制负荷量和负荷强度，利用各种仪器测试运动员的技能状况和身体素质水平，利用高速摄影和录像解析技术动作，利用专门设计的器材发展专门能力等。田径运动发达国家十分重视教练员的培训和交流，如美国、加拿大、德国等均有自己统一的培训教材、等级标准及考核办法，每年举行教练研讨会与论文报告会，使教练员有机会获得新信息与新知识，不断提高教练员的理论水平和科学化训练能力。

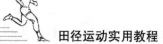

（四）田径运动的职业化、市场化程度不断提高，项目不断发展变化

田径运动相关市场开发进一步加强，市场化程度进一步提高，将成为体育产业发展的重要力量。随着市场经济的发展，田径运动的商业化和职业化程度越来越高，运动员把从事田径运动作为终生职业，专心致志地把全部精力用在训练和比赛上。另外，田径运动中的一些竞技项目对学校体育和大众健身的影响力将有所减弱，一些项目会通过动作形式、器材规格及竞赛方法的变化和改革获得更大发展，竞赛项目逐渐增加，新项目发展很快。

二、我国田径运动的发展

田径运动于19世纪末经外国传教士传入我国，当时只在教会创办的学校之间开展，后来才逐渐扩展到各级公立、私立学校。在中华人民共和国成立前举行的历届全国运动会上，田径运动都是主要的比赛项目，但技术水平很低，男子成绩十分落后，女子成绩更差。在此期间，我国曾派田径选手参加了1932年、1936年和1948年3届奥运会，仅撑竿跳高选手符保卢在1936年的奥运会上通过及格赛。

新中国成立后，田径运动得到迅速普及，技术水平提高很快。1953年起，几乎每年都举行规模较大的全国性田径运动会，在群众性体育运动广泛开展的基础上，我国田径技术水平和成绩飞速提高，缩短了与国际水平的差距。1956年以来，先后有20名中国运动员在女子跳高、男子跳高、女子竞走、女子三级跳远、女子撑竿跳高和女子中长跑等13个项目创造世界纪录，是世界田径一股不可忽视的力量。1957年，女子跳高运动员郑凤荣以1.77米打破了当时1.76米的世界纪录，成为第一个打破世界纪录的中国女运动员。1970年，男子跳高运动员倪志钦以2.29米打破世界纪录。1983年6月至1984年6月，男子跳高运动员朱建华在一年间3次打破世界纪录，目前他的2.39米个人最好成绩仍然是全国纪录。朱建华的2.39米纪录在亚洲保持了整整33年之久才被卡塔尔的巴希姆以2.40米的成绩打破。1983年，女子竞走运动员徐永久以45分13秒4的成绩创造女子竞走世界纪录，成为我国第一个在世界比赛中获得冠军的田径运动员。刘翔是中国体育田径史上、也是亚洲田径史上第一个集奥运会冠军、室内室外世锦赛冠军、国际田联大奖赛总决赛冠军、世界纪录保持者多项荣誉于一身的运动员。在2006年瑞士洛桑田径超级大奖赛中，他以12.88秒的成绩夺冠并打破了保持13年的110米栏世界纪录。目前的世界纪录是由美国名将梅里特在2012年9月8日比利时布鲁塞尔进行的钻石联赛创造的12.80秒。王军霞被誉为"东方神鹿"，是中国乃至亚洲首位入选国际田联名人堂的运动员，她在1993年全运会上分别以8分06秒11和29分31秒78打破了女子3000米和10000米的世界纪录。不过，在2016年里约热内卢奥运会上，埃塞

项目一 田径运动概述

俄比亚选手阿亚娜以29分17秒45打破了王军霞保持了23年之久的女子10000米世界纪录，但王军霞保持的女子3000米世界纪录仍然没有运动员能够打破。2015年6月6日，女子竞走运动员刘虹在西班牙拉科鲁尼亚举行的竞走挑战赛中，以1小时24分38秒的成绩打破了女子20千米竞走项目的世界纪录。

  奥运会和世界田径锦标赛是世界最高级别的田径运动比赛，各国田径运动员在其比赛中获得的成绩，基本上可以反映出一个国家的田径运动水准及其在世界田坛的地位。从1983年至今，中国田径运动员在世界田径锦标赛中获得18枚金牌；从1984年新中国重返奥运会至今，中国田径运动员在奥运会田径项目比赛中共获得8枚金牌，在9届奥运会共计394枚金牌中，中国田径运动员获得的金牌数仅占总数的2.03%。我国田径运动总体水平与世界高水平国家如美国、牙买加、英国等美、欧、非国家有很大差距。表1-4是我国田径运动员在第23—31届奥运会上比赛进入前8名的情况。

表1-4　第23—31届奥运会中国田径运动员比赛结果统计

年份	届别	举办地	前3名人数	前4—8名人数	进入前8名项目数	进入前8名人数/项目数
1984	第23届	洛杉矶	1	5	5	7/5
1988	第24届	汉城（现名首尔）	1	6	5	6/5
1992	第25届	巴塞罗那	3	7	7	10/7
1996	第26届	亚特兰大	4	4	8	8/8
2000	第27届	悉尼	1	2	3	3/3
2004	第28届	雅典	2	6	8	8/8
2008	第29届	北京	2	7	6	9/6
2012	第30届	伦敦	6	9	8	15/8
2016	第31届	里约热内卢	6	5	9	14/9

  由表1-4可知，在仅2届奥运会上中国田径运动成绩得到较大提升，2016年的里约热内卢奥运会上中国田径获得了2金2银2铜的成绩，取得了历史性的突破。中国田径队奖牌榜排名第4位，总分榜排名第5位，也是历届奥运会最好的排名。经过中国田径几代人的艰辛努力，同时与近年来中国田径改革创新密不可分，田径运动管理的理念、体制、机制和训练思路上都有了很大的变化。比如说，在里约热内卢奥运周期，我们利用北京世锦赛和里约奥运会这两个大赛，精心策划了

11

"1516突破行动计划"，借助北京2015年世锦赛，促进田径项目变化和发展，也就是在走、跑、跳、投田径四大项群中，一定要有整体的发展。

竞走和女子投掷是中国田径传统优势项目。过去10年时间，刘翔的出现让男子百米跨栏成为国人瞩目的焦点。田径运动管理中心在短跑、跳跃、跨栏项目上精心规划，通过管理理念的变化，带动了中国田径运动的发展。同时，田径运动管理中心从体制改革入手，采取扁平化管理，寻求项目突破的新路。东京奥运备战周期中国田径制订了"东京登峰计划"，意在2020年东京奥运会再创新高，中国传统优势项目能取得新的突破，具备夺牌竞争力的项目超过10个，有更多的项目进入决赛，进入前8名，实现新的提高和新的突破。

思考与作业题

1. 什么是田径运动？它有哪些特点？
2. 为何说"田径运动是基础"？
3. 目前田径运动的发展趋势如何？

项目二　田径运动的技术原理

项目二　田径运动的技术原理

> 【学习指导】田径运动技术原理分为跑的技术原理、跳跃的技术原理、投掷的技术原理。跑的技术原理包括跑的动作周期划分、步长与步频、影响跑的力学因素；跳跃的技术原理主要包括跳跃高度和远度的构成、影响跳跃高度和远度的主要因素；投掷的技术原理主要包括投掷技术动作的构成、影响投掷远度的主要因素。

任务一　跑的技术原理

一、跑的动作周期划分

跑是人体位移的运动形式之一。跑是单脚支撑与腾空相交替，下肢的蹬与摆及上肢的摆动相配合，动作协调连贯的周期性运动。跑的一个周期动作由 2 次腾空和 2 次单腿支撑组成（如图 2-1 所示）。

就一条腿而言，腾空时要经历折叠前摆、下压准备着地 2 个阶段，支撑时要经历着地缓冲和后蹬 2 个阶段。

当双腿同时处于折叠前摆、下压准备着地阶段时，人体处于腾空状态。

二、步长与步频

步长与步频是决定跑速的 2 个主要因素。

步长是指一个单步的长度，即两足迹前沿之间的纵向垂直距离。决定步长的主要因素是下肢的长度，蹬地的力量、速度和方向，下肢运动幅度和动作的协调性等。

步频是指单位时间内跑的步数。决定步频的主要因素是人体神经过程的灵活性、运动器官的协调性、肌肉力量和收缩速度等。

步长与步频相互依存、相互制约。步长过大会使步频下降，步频过快会使步长缩短。因此，选择适合个人特点的步长与步频是获得个人最快跑速的关键。

图2-1 跑的周期划分

三、影响跑的力学因素

影响跑的力包括内力和外力。

（一）内力

内力是指肌肉收缩时产生的力，它是人体运动的动力来源。

肌肉收缩产生的力的效果，受单个肌纤维的收缩力、参与工作的肌纤维数量、肌肉收缩前的初长度、中枢神经系统的机能状态、协同肌和对抗肌协调性、肌肉对骨骼产生作用的力学条件等因素的影响。

内力是人体各部分之间相互作用的力，它只能使人体各部分之间发生相对运动。因此，内力可以控制跑的技术动作，保持运动时的身体姿势，改变身体与支撑点的相互关系。

（二）外力

外力是指人体与外界物体相互作用时产生的力。影响跑的外力有支撑反作用力、重力、摩擦力、空气阻力。

1. 支撑反作用力

在跑的支撑时期人体给地面一个作用力，而地面同时给人体一个大小相等、方向相反的力，这个力就是支撑反作用力。在跑的支撑时期的缓冲阶段，支撑反作用力起阻力作用，在后蹬阶段起动力作用（如图2-2所示）。因此，缩短着地缓冲阶段的时间，增大后蹬的力量并提高后蹬的速度，是提高跑速的关键。

F为合力　F_x为水平分力　F_y为垂直分力

图2-2　跑步受力图

2. 重力

重力是指地球对物体的吸引力，方向指向地心。人体向上运动时，重力起阻力作用；人体向下运动时，重力起助力作用。在跑的支撑时期，当身体重心投影点在脚的支撑点前面时，重力起阻力作用；当身体重心投影点在脚的支撑点后面时，重力起助力作用。

3. 摩擦力

两个互相接触的物体，当它们要发生或已经发生相对运动时，就会在接触面上产生一种阻碍相对运动的力，这种力就叫作摩擦力。人体跑动中为了保证在后蹬时有牢固的支撑点，就在跑鞋底安装上鞋钉，目的就是加大鞋底与跑道的摩擦力。

4. 空气阻力

人体跑动时，空气通常起阻力作用。跑速越快，空气阻力越大；身体截面越大，空气阻力越大。只有在顺风跑且风速大于跑速时，空气才起助力作用，但此时的风速会远远大于2米/秒。

任务二 跳跃的技术原理

一、跳跃高度和远度的构成

（一）跳跃高度的构成

跳高和撑竿跳高是以人体越过横杆的垂直高度来计量运动成绩的，这个高度是由3个分高度构成的（如图2-3、图2-4所示）。

图2-3 跳高高度的构成

在跳高高度的构成图中，H为人体越过横杆时的身体重心与地面的距离，H_1为起跳结束瞬间身体重心距离地面的高度，H_2为身体重心腾起的高度，H_3为人体越过横杆时的身体重心与横杆的距离。

在撑竿跳高高度的构成图中，H为人体越过横杆时的身体重心与地面的距离，H_1为推手前身体重心距离地面的高度，H_2为推手后身体重心腾起的高度，H_3为人体越过横杆时的身体重心与横杆的距离。

显然，$H = H_1 + H_2 - H_3$。运动员要取得优异成绩，应尽可能增大H_1和H_2，同时缩小H_3。

在跳高项目中，H_1的大小取决于运动员的身体条件和起跳瞬间身体的位置，

项目二 田径运动的技术原理

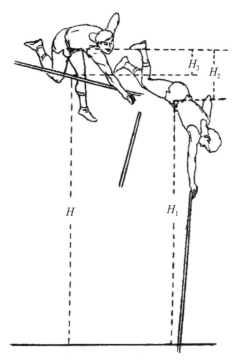

图 2-4 撑竿跳高高度的构成

以及完成起跳动作的充分程度。H_2 的大小则有赖于运动员运动技术和身体素质的提高。H_3 的大小则与运动员过杆时身体的姿势和补偿动作的合理性有关。

在撑竿跳高项目中，H_1 的大小取决于运动员握竿点的高度和成倒立支撑后推离撑竿瞬间身体的位置。H_2 的大小取决于撑竿的竖直程度和对撑竿反弹作用的利用效果。H_3 的缩小则有赖于运动员过杆动作的合理性的提高。

（二）跳跃远度的构成

跳远和三级跳远是以人体腾越的最大水平距离来计量成绩的，这个水平距离可视为由身体重心腾越的各段水平距离之和所构成。

跳跃远度的构成图（图 2-5）中，S 为人体腾越时身体重心的水平距离，S_1 为起跳动作完成瞬间身体重心投影点与起跳点的水平距离，S_2 为身体腾空的身体重心水平移动距离，S_3 为人体落地前与腾起瞬间同一水平位置时的身体重心投影点与双脚落沙坑间的水平距离。三级跳远的 S_2 则是由 3 次腾越时的身体重心投影点间的水平距离构成的。

显然，$S = S_1 + S_2 + S_3$。其中，S_1 和 S_3 的距离取决于踏板准确性、身高、起跳与落地技术的合理性。运动员要增大跳跃远度，最重要的是通过技术改进和身体素

17

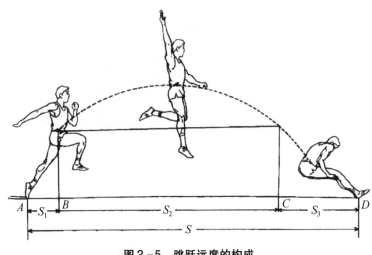

图2-5 跳跃远度的构成

质提高来增加 S_2 的距离。

二、影响跳跃高度和远度的主要因素

跳跃项目起跳后的腾空阶段，身体重心沿着抛物线运动。

根据抛射运动原理，物体的抛射点和落点在同一水平面上时，抛物线顶点的计算公式是：$H = \dfrac{V_0^2 \sin\alpha}{2g}$（式中，$H$ 是抛射高度，V_0 是抛射初速度，α 是抛射角度，g 是重力加速度）。抛射点和落点之间距离的计算公式是：$S = \dfrac{V_0^2 \sin 2\alpha}{g}$（式中，$S$ 是抛射远度，V_0 是抛射初速度，α 是抛射角度，g 是重力加速度）。

从上述两个公式中可以看出，由于重力加速度（$g = 9.8$ 米/秒^2）是个常量，显然，抛射初速度和抛射角度是决定抛射高度和远度的2个主要因素。在跳跃项目中，把这2个因素称为腾起初速度和腾起角。

（一）腾起初速度

腾起初速度是指运动员完成起跳动作后，身体腾空前一瞬间身体重心所具有的速度。在跳跃中，腾起的高度和远度都与腾起初速度的平方值成正比例关系，因此，腾起初速度越快，腾起的高度越高，腾越的远度越远。

腾起初速度具有方向和大小的区别。其方向和大小是由水平分速度和垂直分速度所决定的。这两个分速度值的大小，对身体重心腾起的高度和远度有直接的影响。因此，在跳跃的高度项目中，应在充分发挥和利用水平速度的情况下，尽力去获得更大的垂直速度。在跳跃的远度项目中，则应在取得适宜的垂直速度的情况下，尽力去获得更大的水平速度。

（二）腾起角

腾起角是指运动员完成起跳动作后，身体重心腾起初速度的方向与水平线所构成的夹角。从理论上讲，腾起初速度一定时，腾起角为90°和45°时，能获得该速度条件下的最大高度值和远度值。但实际上，90°和45°并不是最佳的腾起角。这是因为在跳高中除了尽可能获得垂直高度外，还需要有一定的水平移动距离，以使身体各部分依次越过横杆。因此，跳高时的腾起角一般要小于90°（背越式跳高的腾起角为50°～55°）。在跳远中，为了尽可能减少助跑水平速度的损失并使落地时的身体重心低于起跳时的身体重心，往往腾起角也小于45°（世界优秀跳远运动员的腾起角为20°～25°）。

任务三　投掷的技术原理

一、投掷技术动作的构成

投掷项目的完整技术由握持器械、预先加速、超越器械、最后用力和缓冲平衡构成。

（一）握持器械

无论是推铅球，还是掷标枪、铁饼和链球，都应正确地握持器械。稳定地握持器械，方便预先加速和最后用力，特别是有利于运动员在投掷的全过程中始终控制好器械的位置、方向和角度，有利于最后用力时能够把力量集中作用于器械上。

（二）预先加速

预先加速的目的是在进入最后用力前使器械获得一定的速度。不同投掷项目的预先加速形式不同。推铅球是以滑步的形式，掷标枪是以助跑的形式，掷铁饼和链球是以旋转的形式。无论以何种运动形式进行预先加速，都应做到加速节奏合理，身体重心移动平稳，技术连贯并有利于最后用力。

（三）超越器械

在预先加速进入最后用力之前，要做出正确的超越器械的动作。超越器械是预先加速结束，最后用力开始前的衔接动作，即（铅球、标枪）形成下肢在前，上体和器械在后的身体略后倾的姿势，或（铁饼、链球）在旋转结束后使髋轴和肩轴形成交叉状态的躯干扭转姿势。目的是加大最后用力的工作距离，同时也为最后用力时能够合理地发挥全身的最大力量做好准备。

在做好身体略后倾或躯干扭转姿势的同时，还要注意两脚的位置和方向要正确，以利于最后用力时更好地发挥腿部和躯干的力量；注意头和非投掷臂的姿态和动作，以使最后用力的肌肉处于最佳用力前的状态并保持身体平衡。

（四）最后用力

最后用力是决定投掷远度的主要技术阶段。合理的用力顺序是最后用力的技术关键，要遵循从下到上，从腿到髋、腰、胸，最后到臂、手的协调用力顺序；要注意最后用力的过程是一个加速度的过程；在器械出手前的瞬间要充分利用手腕和手指的快速用力，给器械施加最后的作用力，以提高器械的出手速度并控制器械的飞行姿态。

（五）缓冲平衡

器械出手后，应立即通过交换两腿支撑、降低身体重心，或改变身体运动方向等动作来维持身体平衡，避免因身体失去平衡而冲出投掷圈或起掷弧线，造成犯规。

二、影响投掷远度的主要因素

投掷项目是通过人体的运动将器械掷出，被掷出器械的飞行近似于物体的斜抛运动，因此，抛射点和落点之间距离的计算公式 $S = \dfrac{V_0^2 \sin 2\alpha}{g}$ 也可以近似地计算出投掷器械的飞行距离。只不过抛射初速度和抛射角度这两个决定抛射远度的主要因素，在投掷项目中称为器械出手速度和器械出手角度。

（一）器械出手速度

器械出手速度是指最后用力动作完成后，器械出手瞬间所具有的初速度。在器械出手角度不变的情况下，投掷远度是随着器械出手速度平方值的增加而增加的。因此，最后用力时，使人体肌肉力量合理地作用于器械飞行方向上，加大肌肉的工作距离并缩短肌肉的工作时间，是提高器械出手速度的技术关键。因此，在运动实践中，要紧密围绕着如何提高器械出手速度来进行身体训练和技术训练。

（二）器械出手角度

器械出手角度是指最后用力动作完成后的器械出手瞬间，器械飞行方向与出手点水平面的夹角（如图2-6所示）。在投掷项目中，器械的出手点和器械的落点不在一个水平面上，出手点和落点形成的连线与地面形成的夹角称为地斜角。由于地斜角的影响，投掷项目的器械出手角度都小于45°。推铅球、掷标枪和铁饼的出手角度在30°~40°，掷链球的出手角度略大于40°。

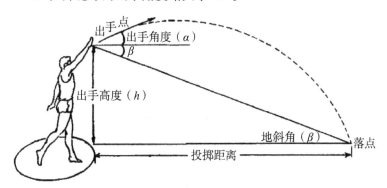

图2-6 推铅球出手示意

（三）器械出手高度和空气阻力

器械的出手高度和空气阻力对投掷距离也有一定的影响。

器械的出手高度是指器械出手点与地面的垂直距离。器械的出手高度与人体的身高、臂长和最后用力的动作有关，因受身高、臂长的限制，只能在一定范围内通过改善最后用力动作来适当提高出手高度。

标枪、铁饼的飞行距离会受到空气阻力的影响。在风速不大的情况下，顺风投掷时应适当增大出手角度，逆风投掷时应适当减小出手角度。

思考与作业题

1. 试述影响步长和步频的因素。
2. 影响跑的力学因素有哪些？
3. 根据公式 $H = H_1 + H_2 - H_3$ 和 $S = S_1 + S_2 + S_3$，试述影响各 H 值和 S 值的技术因素。
4. 以一个投掷项目为例，解释什么是"超越器械"动作。

项目三　田径运动教学与训练

> 【学习指导】田径运动教学的一般规律主要包括从关键技术部分开始教学、从关键技术向前和向后延伸教学、完整技术的教学等规律。
>
> 　　在田径运动教学中应掌握并正确运用自觉积极性原则、直观性原则、从实际出发原则、循序渐进原则、身体全面发展原则、合理运动负荷原则、巩固提高原则。
>
> 　　田径运动教学方法和手段多种多样,主要应掌握语言法、直观法、完整教学法、分解教学法、变换练习法、游戏法和比赛法等教学方法和手段。

任务一　田径运动教学

一、田径运动教学的一般规律

田径运动跑、跳跃和投掷中,各类项目技术的构成,都具有大致相似的几个技术组成部分。各技术组成部分又都有各自的动作任务,它们之间相互联系、紧密衔接、有机统一。因此,田径运动教学有其共同的一般规律。

（一）从关键技术部分开始教学

在跑、跳跃和投掷项目技术的组成部分中,都有一个关键技术组成部分,如跑的技术中的途中跑、跳跃技术中的起跳和投掷技术中的最后用力。

在教学中,应首先从这些关键技术开始进行教学。这些关键技术掌握得好坏,直接影响学习和掌握完整技术。

（二）从关键技术向前和向后延伸教学

在正确掌握关键技术的基础上,一般先向前一部分技术延伸衔接,如在跑的技术教学中,要向前延伸,学习和掌握起跑、起跑后加速跑与途中跑的连贯衔接;在跳跃技术教学中,要学习和掌握助跑与起跳的紧密衔接;在投掷技术教学中,要学习和掌握滑步（推铅球）、旋转（掷铁饼和掷链球）、助跑（掷标枪）与最后用力的紧密衔接。这些紧密衔接技术掌握得好坏，又直接影响关键技术完成的效果。

之后，再进一步向后一部分技术延伸衔接，如途中跑与最后冲刺跑的衔接、起跳腾空与过杆（跳高和撑竿跳高）、空中动作（跳远和三级跳远）和落地的衔接、最后用力与身体缓冲和平衡的衔接。

掌握这些衔接技术，对跑到最后时保证积极有效的终点冲刺，获得有效的跳跃和投掷成绩有着重要作用。

（三）完整技术的教学

在逐步掌握向前和向后的紧密衔接技术的同时，要重视学习和掌握完整技术的连贯性，使各个技术组成部分有机地连成一体，体现出完整技术动作的正确、规范、节奏鲜明。

二、体育教学原则在田径教学中的运用

体育教学原则是体育教学过程客观规律的反映，是体育教学实践的经验总结，是体育教师进行教学工作的准则。

在田径运动教学中，体育教师深刻理解并正确运用体育教学原则，对培养学生掌握田径运动的基本理论、基本技术和基本技能，不断提高田径理论课和技术课的教学质量具有重要的意义。

（一）自觉积极性原则

中小学生由于学习目的不够明确，对所学项目的内容和方法不清楚，或仅从个人爱好和兴趣出发，往往把学习的注意力集中在单纯追求速度、远度和高度方面。为此，教师应以培养目标教育学生，讲清课的任务、学习内容、方法和要求，考试办法与标准，以及田径与其他技术课的关系，引导和培养学生对田径运动的兴趣和爱好，使他们自觉积极地学习。这样，才能激发学生的正确学习动机，从而积极思考和刻苦练习。当学生达到一定的教学要求时，要及时肯定其成绩，使他们感到自己总是在进步，有学习信心，有努力方向和目标，从而不断进取，更加自觉积极地学习。

在教学活动中，教师起着主导作用，教师的言行举止对学生学习的自觉积极性有很大的影响。因此，作为教师要具有良好的职业道德，有高度的事业心和责任感，不断提高自身的思想道德修养和业务水平，取得学生的信任和尊敬。课中应严格要求，课后多加辅导，使学生学习的自觉积极性巩固而持久。

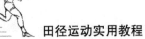

（二）直观性原则

田径运动技术是由动作的方向、幅度、角度，四肢和躯干的屈、伸以及重心移动轨迹等动作要素形成的，每一个技术动作既有时间要求，又有空间特征。在教学中仅用语言是很难使学生建立完整的动作概念并正确理解技术的，因此，必须尽量利用学生的各种感官功能和已有的经验，采用多种教学手段配合讲解，使他们获得生动的技术动作形象并看到技术细节，以加深理解记忆。

在田径教学过程中运用直观性原则的方法是多种多样的，如示范、挂图、幻灯、投影、教具模型、动作录像、技术影片、动画以及计算机模拟等。教师要根据教材的内容和要求，有目的、有针对性地运用直观性原则。示范是最生动的直观方法，它可使学生的视觉逼真地、直接地感受到动作的全部和各部位之间的结构及联系。教师应根据教学过程的需要进行示范，既要做完整的技术示范，又要特别注意关键技术的分解示范。在课中可边讲解边示范，也可先讲解后示范，或者先示范后讲解，有时还可由教师做示范，学生讲述动作。在教学进行到一定程度后，也可选择掌握技术较快较好的学生做示范，以提高学生的学习信心。应该注意的是，教师进行示范时，示范位置、方向和速度应根据不同项目的需要而变化，示范动作尽量不要失误，力求轻松优美。对学生的错误动作进行对比示范时，不能伤害学生的自尊心。

示范是田径教学课中最主要的直观形式，但是示范动作是短暂的，不能停留。这样，技术挂图和模型、幻灯和投影、录像和电影及动画等间接的直观方式就起到重要作用，在有条件的地方要尽可能地运用此类教学手段。此外，在田径教学中利用助力与阻力，生动形象的语言口令、信号及手势也能起到一定的直观示范作用。

（三）从实际出发原则

从实际出发是指依客观条件和教学对象的实际情况开展教学工作，而不能只凭主观愿望。

1. 从学生的实际出发

主要是指按学生的年龄、性别、身体健康状况、素质情况、接受能力及课堂上的学习情况等，有的放矢地进行教学。教师要根据学生的不同情况安排练习内容和运动负荷。对身体素质好、掌握技术快的学生可提高练习要求；对个别体质较弱或有伤病的学生，可降低练习的要求，或安排其进行力所能及的活动。

2. 从客观条件出发

田径教学课的客观条件包括场地、设备、器材数量、学生人数以及天气情况等。在组织教学及选择教法时，应根据上述情况有计划地安排好每一次教学课。

（四）循序渐进原则

循序渐进原则是田径教学由易到难、由简到繁、由未知到已知的渐进过程。田径运动项目较多，各单项的技术有区别也有联系，动作难易程度不同，运动负荷作用于人体的部位不同。因此，要充分考虑到它的系统性和特点，考虑到它们之间的内在联系和技术难度，合理安排教学进度。

（五）身体全面发展原则

身体全面发展原则是指在教学过程中，应使学生的各种身体素质和基本活动能力得到全面的发展。田径各个项目都有其专项素质要求，但又都不同程度地需要速度、力量、耐力、柔韧性及协调性等素质的全面发展，这样才能掌握技术，提高运动成绩。实践中，教师可根据学生的身体素质条件以及所学的项目特点，安排一定数量的身体练习，提高学生身体全面发展的水平。如果条件允许，在一次课上最好安排两个项目的教学，尽量使跑和跳跃项目同投掷项目相结合。为了避免身体局部负担过重，在下肢练习次数过多时，做些上肢活动的练习进行调整，既可提高学生的学习积极性，又有利于掌握技术动作，防止伤害事故发生。

（六）合理运动负荷原则

运动负荷是量和强度的总称。在教学训练中，如果运动负荷过小，机体得不到应有的刺激，就难以掌握技术；反之，又会引起过度疲劳，降低神经系统的兴奋性，发生伤害事故。因此，田径课中必须合理控制学生的运动负荷，根据课的任务和要求逐渐增加练习的内容、次数和强度，注意运动质量。在实践中，科学评价和掌握每次课中学生的运动负荷较为困难，但教师可通过观察学生的脸色、呼吸频率、控制动作的能力、注意力集中的程度等方面进行评定。如有条件，可做简易的生理测量。练习中应当运用讲解、观察和纠正错误动作等方法调节运动负荷。

（七）巩固提高原则

贯彻和运用巩固提高原则，是为了使学生牢固掌握田径运动理论知识、各项技术动作，增强身体素质等，并在此基础上不断地提高。

技术和技能的掌握、巩固与提高，是大脑皮层动力定型的结果。如果在教学中对掌握的知识、技术和技能以及提高了的身体素质不及时复习巩固，所学知识就会遗忘，动力定型就会消退，身体素质水平也会下降。为此，教师在教学过程中所采用的教学手段连贯性要强，每一教学手段都要与完整的技术动作相联系，并作为下一教学手段的基础，下次教学要复习和巩固上次教学的技术动作。课堂上要保证有足够的练习时间和次数,使学生建立正确的肌肉感觉。只有在多次反复练习的过程中,才能巩固和提高所学的知识、技术与技能。为了提高学生练习的兴趣并加深动作体会,还可采用教学比赛的方法。

三、田径运动教学方法和手段

田径运动教学方法和手段多种多样,主要有语言法、直观法、完整教学法、分解教学法、变换练习法、游戏法和比赛法等。

(一)语言法

语言法是在教学课中运用各种形式的语言指导学生学习,达到教学要求的方法。正确地使用语言教学法能使学生明确学习任务,端正学习态度,加深对教材的理解,从而加速对田径基本知识和动作技能的掌握。语言法的基本形式有讲解、提示和口头评价等。

1. 讲解

讲解是语言教学法最主要和最普遍的一种手段。它主要是教师向学生说明练习任务、动作名称及作用,完成动作的要领、方法和要求,指导学生进行练习,使学生掌握技术和技能,获得有关的田径运动知识,从中受到启发和教育。可分别或结合采用不同的讲解形式,如直接陈述、分段讲解、重点概括、对比分析、提问和比喻等。讲解时应注意要有明确的目的和教育意义,讲解要正确、简明易懂、具有启发性,并注意时机和效果。

2. 提示

教师要以简短的语言指导学生的学和练。如练习中提示学生"收腹""抬头""转体""挺身"等。提示要及时,声音要洪亮。

3. 口头评价

教师根据教学要求,用简短的语言评价学生的练习效果和行为,如"好""正确""不够协调"等语言。运用口头评价方法能使学生明白动作的正误,巩固优点,克服缺点。

(二)直观法

直观法是通过一定的直观演示方式作用于人的视觉器官而引起感知的教学方法。中小学生由于年龄的特点,抽象思维尚未完善,运用直观法进行教学可收到良好的效果。目前,常用的直观法主要是动作示范(教师或学生以自身完成的动作为范例来指导学生进行学习)和教具模型的演示(主要采用挂图、照片、模型及其他教具等直观方式,使学生生动具体地了解动作的形象、技术结构和完成的过程),

有条件的学校可利用视听结合、生动形象、感染力强的幻灯片、投影、电影、动画与电视教学等现代化教学手段进行教学。

（三）完整教学法

完整教学法是指以完整技术的练习形式进行教学。它的好处是可以保持技术动作的完整性、连贯性。一般比较简单的技术动作可采用完整教学法，如进行途中跑技术教学时，可以在控制速度的跑的练习中，逐步学习两腿的蹬与摆的动作；两臂的摆动动作和上下肢的协调配合动作，一般是在完整教学和练习中掌握的。

（四）分解教学法

分解教学法是指把整个技术部分分解成几个动作，在逐步掌握分解动作过程中，逐渐形成整个技术。分解教学法可以使整个技术相对简单化，便于整个技术的学习和掌握，如进行起跳技术教学时，先学起跳腿放腿动作，再学摆动腿摆动动作，然后在两臂摆动动作的配合下，使身体向上跳起来，再在3步助跑、5步助跑，直至全程助跑中完成起跳技术。一般在跳跃和投掷项目中采用分解教学的方法。如跳远教学常采用踏板起跳、腾空步、助跑分解教学，最后将其衔接组合成跳远完整技术；推铅球教学常采用原地推球和滑步分解教学，最后将其衔接组合成滑步推铅球完整技术。

在教学实践中，应将完整教学法和分解教学法结合起来，根据技术的复杂性或学生学习的实际情况灵活运用。

（五）变换练习法

变换练习法是在变换条件下进行练习的方法。在练习中，由于练习条件和运动负荷的不断变换，因此对提高中枢神经系统的调节机能和身体各器官系统相互间的协调机能，提高人体对不断变换的练习环境和运动负荷的适应能力，以及从事身体练习的积极性和掌握技术动作等，都有较好的作用。

（六）游戏法

游戏法是指以游戏的方式进行组织教学的方法，其特点是有一定的竞争性和娱乐性，能使参加者积极主动地进行练习。学生在规则允许的范围内，可以充分发挥个人与集体的才智与创造性。游戏法对学生掌握和应用田径知识、技术和技能，培养学生的组织纪律性、集体主义精神，以及积极进取和机智勇敢的品质等都有良好的作用。中小学生由于年龄和性格等特点，在教学中运用游戏法可获得更好的教学效果。

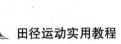

（七）比赛法

比赛法是在比赛条件下组织学生进行练习的方法，其特点和作用与游戏法基本相同。由于比赛法竞争性更强，学生情绪高涨，能最大限度地表现出机体的能力，提高身体练习的有效性；能更好地提高身体素质，巩固提高技术动作及技能。教学中比赛法的形式多种多样，如游戏比赛、教学比赛和测验比赛等。比赛可以是个人间的，也可以是小组间的。根据教学任务和项目的动作性质，可比速度、比高度、比远度、比准度，也可比完成动作的质量或数量。

四、田径运动教学应注意的问题

（一）因人、因地、因时地选择田径运动项目进行教学

在田径运动教学中，要注意根据不同人群的需求及开展活动的实际情况，科学、合理地选择田径运动项目或相应的练习形式进行教学。

田径运动作为竞技体育的比赛项目，具有激烈的竞技性和极强的观赏性。但在一般教学中，不宜原封不动地照搬项目进行教学。要根据教学的目的和任务、项目开展的可行性，有选择地实施教学。还可以选择跑、跳跃和投掷的基本活动形式作为教学的内容。尤其在群众的健身活动中，更要在走、跑、跳跃和投掷的基本活动形式中，根据实际需要，科学、合理地选择练习内容，进行教学或组织锻炼。

（二）要把握各项技术和练习形式的正确性

无论是有选择地进行田径运动项目的技术教学，还是运用走、跑、跳跃和投掷的各种练习形式组织教学和锻炼，必须注意把握各项技术和练习形式的正确性。只有掌握正确的技术和练习动作，才能保证练习的效果，并达到科学锻炼身体的目的。

（三）注意教学内容的多样性和趣味性

在田径运动教学中，要注意教学内容的针对性，也要注意练习方法和手段的多样性，避免练习形式单一和枯燥无味。可以根据教学目的和任务，选择比赛和游戏等形式，增加练习的趣味性，提高教学和锻炼的效果。

（四）注意预防伤害事故的发生

在田径运动教学过程中，要积极预防伤害事故的发生。

首先要认真考虑教学的组织方式和教法。对练习方法和手段、练习数量和强

度、练习场地和器材等的安排和使用，都要事先有周密的计划。

在教学中，对练习的顺序、方向和路线等，特别是练习投掷器械时，都要严格按照教学规定和要求来进行，避免相互碰撞和砸伤他人，造成伤害事故。

任务二　田径运动训练

田径运动训练是为了提高和保持运动员的竞技能力，并促使其在比赛中充分表现竞技能力的过程，也是针对不同专项的田径运动员，根据训练目标和训练计划所组织的专门教育过程。

一、田径运动训练的特点

（一）训练项目的专一性和训练内容的专门性

田径运动训练的一个显著特点就是训练项目的专一性。由于田径运动项目多，运动员要想在田径竞赛中取得优异成绩，就必须以某个（某类）田径运动项目作为自己的"专项"，并为此付出极大的努力。如果一个运动员同时接受两个或两个以上不同性质的田径项目的训练（如短跑和长跑），就可能在所练的运动项目上都难以达到很高水平。

既然有了"专项"，也就必然会使训练的内容具有专门性。虽然决定各个田径运动项目运动成绩好坏的因素有很多共同之处，但各个田径运动项目都会有若干个决定本项目运动成绩好坏的主要因素。而针对这些因素所进行的训练，就构成了该项目专项训练的主要内容。

（二）训练中承担运动负荷的极限性

在田径运动训练中，承担极限负荷是由提高运动员竞技能力的客观要求所决定的。特别是田径运动属于体能类项目，体能类项目运动成绩的不断提高，实质上是运动员对各种运动负荷极限的不断突破。在田径运动训练过程中，如果不经常地、有针对性地、有节奏地承担极限负荷，就难以突破原有的负荷极限，也就不可能提高专项运动成绩。

（三）训练过程的长期性

随着现代竞技运动水平的不断提高，对运动员的体能发展水平、技战术水平及心理和智力发展水平的要求也越来越高，这在客观上决定了运动训练过程的长期性。根据对优秀运动员取得优异成绩的平均年龄，以及他们开始系统训练的平均年龄的统计，大部分田径项目从开始接受系统训练，至达到该项目的先进水平，需要经过8～12年的刻苦训练。

（四）训练的科学性和计划性

运动训练的科学性和计划性主要体现在实施训练的个人针对性、训练方法手段的多样性和训练安排的系统性等方面。

虽然在体育教学或体育锻炼中也强调区别对待、教学方法手段的多样性、教学过程的计划性等，但是，训练项目的专一性和训练内容的专门性、训练中承担运动负荷的极限性、训练内容的复杂性和训练过程的长期性等特点，决定了运动训练过程更加需要科学性和计划性。

二、田径运动训练的内容与方法

田径运动训练内容包括身体训练、技术训练、战术训练，也包括恢复训练、心理训练，以及思想、道德品质、体育理论和文化等综合素质教育。

（一）身体训练

身体训练是指发展力量、速度、耐力、柔韧性、灵敏性和协调性等身体素质的训练。身体训练的目的是提高健康水平和增强人体各器官和系统的机能能力。身体训练根据训练目的的不同，可分为一般身体训练和专项身体训练。

一般身体训练也称为全面身体训练，其目的是使各项身体素质得到全面而均衡的发展，为提高专项身体素质和进行专项训练做好准备。

专项身体训练是指从事专项运动所需要的，能有效促进对专项技术的掌握和提高专项成绩有密切关系的身体素质训练。

在进行身体训练时，应根据运动员的年龄、性别、专项特点、训练阶段和实际训练水平，合理地安排一般身体训练和专项身体训练的比重。一般来说，年龄较小、实际训练水平较低者，应适当加大一般身体训练的比重；过渡期和准备期的一般身体训练比重应适当增大一些。

1. 发展力量的方法

力量是指人体肌肉工作时克服阻力的能力，是运动员重要的身体素质之一。力量训练又分为发展最大力量、快速力量和力量耐力训练。根据训练目的的不同，应采用不同方法、不同负荷的力量训练方法。

（1）发展最大力量的方法主要是采用接近运动员最大力量的负荷，进行连续的重复运动。例如，让运动员冲击自己的最大力量或使用超过运动员最大力量的负荷进行1～2次运动的练习。

（2）发展快速力量的方法常采用中等负重情况下的连续、快速完成动作的练习方法。另外，徒手的快速专项技术动作的练习，也是发展快速力量的有效方法。

（3）发展（一般）力量耐力可采用运动员最大力量的50%～80%的负荷，重复10～30次的练习。另外，各种专项练习和模拟比赛，都是发展专项力量耐力的有效手段。

2. 发展速度的方法

速度包括反应速度、动作速度和跑速，是人体在最短时间内反应、完成动作或位移的能力。速度的提高与力量素质的提高、肌肉收缩和神经支配能力的改善密切相关。

（1）发展反应速度的方法主要是听信号或看标记后，进行快速完成规定动作的练习和迅速改变运动方向、运动方式的各种练习。

（2）发展动作速度的方法主要是快速重复地进行某一单一动作的练习。例如，10秒钟计时原地高抬腿、立卧撑等练习，一定距离内的计时单足跳、跨步跳，徒手或持不同重量器械的快速投掷、滑步和旋转练习等。

（3）发展跑速包括对加速能力、绝对速度、速度耐力的训练。发展跑速的方法和手段，主要有起跑、加速跑、行进间跑、接力跑、反复跑、追逐跑等练习；也可进行阻力跑、助力跑、车轮跑、高抬腿跑、小步跑、后蹬跑等专门练习。另外，参加测验和比赛是提高跑速的有效方法。

3. 发展耐力的方法

耐力是指在一定的工作强度要求下尽可能长时间工作的能力，也可以理解为在持续工作过程中保持一定工作强度的能力。田径运动训练中把耐力分为一般耐力和专项耐力。

一般耐力是指人体以中、小强度从事长时间的运动或工作的能力。发展一般耐力的方法主要是采用较长时间的中、小强度的各种运动方式。

专项耐力是指人体长时间、大强度地完成专项运动的重复能力。如径赛项目以高速或较高速度跑完全程的重复能力；田赛项目以比赛的强度或接近比赛的强度连续试跳或试投的能力等。发展专项耐力的方法主要是专项距离和略大于或小于专项距离的重复跑，专项动作和专项的专门练习动作的重复练习。在重复练习过程中，注意对间歇时间和强度的控制。

4. 发展柔韧性、灵敏性和协调性的方法

柔韧性是人体大幅度完成动作的能力，它取决于关节的灵活性和肌肉韧带的伸展能力。通常采用的练习手段有肩、髋扭转、压腿、劈腿、"压肩"、摆腿、摆臂、背"桥"和各种垫上运动等。

灵敏性和协调性是人体的运动技能和各项身体素质在运动过程中的综合表现，

是人体完成复杂动作或不断变化的连续动作中的灵敏、协调能力。运动员对各种运动技能掌握的数量越多，身体素质越好、越全面，其灵敏、协调能力也越高。发展田径运动员的灵敏性和协调性的方法，主要是在全面发展身体素质的基础上，进行一些专项技术动作之外的各种运动技能的学习和训练，如各种变换方向的追逐性游戏、球类运动、体操、游泳、舞蹈等。安排以提高灵敏性和协调性为主的练习，要注意其练习应具有复杂性、非连贯性和新颖性。

（二）技术训练

技术训练是田径运动训练的重要内容。运动员只有掌握和运用先进合理的运动技术，才能充分发挥身体素质的作用，在竞赛中获得理想的运动成绩。身体素质是运动技术的基础。运动技术的完善与提高有赖于身体素质的提高；反之，身体素质的不断提高，也必然要求运动技术有相应的改善与提高。

在进行技术训练中应注意：

1. 技术训练要贯穿运动训练的全过程

技术训练必须遵循生理学规律，基本技术和完整技术都要经常练、反复练，在身体素质和技术水平相适应的基础上，形成运动条件反射和动力定型。

2. 技术训练要突出完整技术练习

在技术训练中要重视与技术有密切联系的专门练习和分解技术练习，以促进完整技术的不断改进和完善。但是，从技术训练的根本目的出发，更重要的是要突出完整技术的练习，注意在一定强度下进行完整技术的练习并重点改进某一环节的技术。

（三）战术训练

战术训练是指为了在比赛中取得最好成绩和名次，运动员根据自己的训练水平或对对手的分析，针对体力分配和发挥最佳竞技状态等比赛方法而进行的专门训练。

径赛项目的战术训练主要是在每个赛次中合理分配全程跑的速度并选择最佳跑动位置，也包括预、复、决赛的各赛次中的体力分配问题。这对中长跑项目的比赛尤为重要。

田赛项目的战术训练主要是提高运动技术的稳定性和准确性。投掷项目和跳跃远度项目要求运动员在第一、第二次试投或试跳中就能表现出自己的最佳训练水平，取得优异成绩；跳跃高度项目的运动员要学会根据对手的情况，合理地确定自己的试跳计划，要培养运动员在较高的横杆高度上一次试跳成功的信心和保持合理过杆技术的能力。

战术训练必须建立在身体训练、技术训练水平的基础上。因此，设计自己的比赛战术时，一定要客观地了解和分析对手的情况，根据比赛的环境条件和自己的身体训练、技术训练水平，合理地制订自己的战术方案。

多参加比赛，可以检验战术、改进战术并提高战术水平。比赛的效果也是检验战术合理性的唯一标准。

（四）恢复训练、心理训练和综合素质教育

恢复训练是指训练和比赛结束时采用各种方法与手段消除运动员生理和心理疲劳的训练。恢复训练已经成为现代田径运动训练的重要内容之一。

心理训练是使运动员在心理上适应训练和比赛的一种训练。培养意志品质并使运动员在比赛中保持良好的心理状态，是田径运动心理训练的主要内容。

综合素质教育包括思想、道德品质、体育理论和文化教育。综合素质教育可使运动员确立正确的思想观念，具备良好的道德品质，提高文化素养，这对促进训练水平的提高有着十分重要的作用。

三、田径运动训练计划

田径运动训练计划可分为多年训练计划、全年训练计划、阶段训练计划、周训练计划和课训练计划。

另外，为了准备参加某项赛事，将参赛运动员集中起来进行短期的集中训练，称为短期集中训练，简称"集训"。这种短期集中训练时间短，任务重，教练员和运动员又来自不同的基层单位，因此，为了使运动员在比赛中取得好成绩，有计划地进行短期强化训练至关重要。短期集中训练计划包括集训队总训练计划、项目组集训计划和个人集训计划。同时，各项目组还要根据项目组集训计划制订周训练计划和课训练计划。

训练计划的主要内容包括训练目的和任务、训练对象状况分析与训练目标、训练分期与时间安排、各时期训练内容和运动负荷的安排、提出完成训练任务的措施和注意事项等。

（一）多年训练计划

多年训练计划是对运动员多年训练过程的远景规划，它对全年训练计划、阶段训练计划、周训练计划和课训练计划具有战略指导意义。多年训练计划考虑的年限，应根据运动员的实际年龄而定，一般为4～8年。

多年训练计划应在客观分析运动员状况，根据运动训练的一般规律进行科学预测的基础上，重点提出各年度的训练任务和训练目标，对各年度的训练内容和运动

负荷做出合理的安排，并提出相应的措施和注意事项。多年训练计划是一种远景规划，不可能制订得十分具体，但仍然要注意计划的科学性和可行性。

（二）全年训练计划

全年训练计划是根据多年训练计划所规定的本年度训练任务和训练目标、训练内容和运动负荷的安排，并在总结上年度实际训练情况和上年度训练计划执行情况的基础上制订的。全年训练计划是教练员组织运动训练过程的一个重要文件。

全年训练计划的重点应对全年训练的分期和时间以及全年训练各时期的任务与运动负荷做出较具体的安排。全年训练的分期和时间安排有单周期、双周期和多周期的划分方法。目前在全年训练中大多采用双周期的安排，但随着高水平运动员比赛的增多，也有采用多周期安排的形式。

全年训练各时期的训练内容和比重应根据运动员训练水平、专项的不同，合理地安排各时期的一般身体训练、专项身体训练和技术训练的比重。

（三）阶段训练计划

阶段训练计划是根据全年训练计划所规定的本阶段训练任务和训练目标、训练内容和运动负荷的安排，并在总结上一阶段实际训练情况和上一阶段训练计划执行情况的基础上制订的。

在阶段训练计划中，训练的分期和时间一般是按自然周来安排的，所以，阶段训练计划的重点是对本阶段内各周的训练内容和比重进行安排。

以4周为一个阶段的训练内容和比重的安排为例，一般是第一周为准备周，以全面身体训练和技术改进为主，负荷量和强度为中等。第二周为负荷量周，以专项身体训练和提高专项能力为主，在保持一定强度的基础上增大负荷量。第三周为负荷强度周，仍以专项身体训练和提高专项能力为主，但负荷量比上周有所减少，负荷强度不断增大。第四周为测验、比赛周，以赛前准备为主，周末进行测验或参加比赛。

（四）周训练计划

周训练计划是根据阶段训练计划所规定的本周训练任务和训练目标、训练内容和运动负荷的安排，并在总结上一周实际训练情况和上周训练计划执行情况的基础上制订的。

在周训练计划中，训练的分期和时间一般是按日（一天）和课次来安排的，因此，周训练计划的重点是对本阶段内每天和每个课次的训练内容和比重进行安排。

（五）课训练计划

课训练计划是根据周训练计划所规定的本课次训练任务和训练目标、训练内容和运动负荷的安排，并在总结运动员前一天实际训练情况和前一天训练计划执行情况的基础上制订的。

在课训练计划中，一般包括准备部分、基本部分和结束部分。应明确各部分的任务、内容安排、时间分配和衔接。特别是对各部分的练习方法和手段，要十分具体地写明各项练习的内容、数量、组数、强度和间歇时间，以及对练习的要求和注意事项等，以达到执行者和被执行者都明确的目的。

例如，100 米反复跑：100 米 ×6，中间间歇 5 分钟，强度要求 90% 以上。又例如，负重交换腿跳：负重 40 千克杠铃 ×50 次/3 组，组间间歇 10 分钟，要求弓箭步要大，身体重心低且起伏小，交换频率尽可能快且中间不得停顿。

（六）短期集中训练计划

短期集中训练的时间一般是 1～3 个月。短期集中训练计划包括集训队总训练计划、项目组集训计划和个人集训计划。同时，各项目组还要根据项目组集训计划制订周训练计划和课训练计划。

集训队应设置总教练或教练组长。总教练或教练组长负责制订集训队总计划，还负责对各项目组的集训过程进行督导，并在赛前与各项目组教练员一起研究，最终确定参赛项目和参赛运动员名单。

1. 集训队总训练计划

集训队总训练计划是整个田径集训队短期集中训练的重要训练文件，是组织和指导各项目训练组制订项目组集训计划和个人集训计划的依据。

集训队总训练计划一般由总教练或教练组长制订。总教练应在充分了解竞赛规程和本队教练员、运动员基本情况的基础上，在充分听取大家意见后，结合全队教练员和运动员思想、运动水平的实际状况和训练条件的实际状况来制订集训队总训练计划。

集训队总训练计划应包括以下内容：

（1）比赛任务：根据竞赛规程和组织集训单位的领导要求并结合本队实际情况，明确提出短期集训和比赛的任务、目标。

（2）现状分析：分析本集训队和各有关集训队的实力，实事求是地论述本集训队比赛任务、目标提出的依据，以便知己知彼，统一认识，树立信心，使全队教练员和运动员团结一致地去完成集训的比赛任务和目标。

（3）各项目训练组教练员和运动员的组织：在充分了解本队教练员和运动员的

专项特长的基础上,为了方便运动训练过程的组织,应明确将运动员分成若干项目训练组,并任命各项目训练组的教练员。

(4) 集体项目的组织:田径运动竞赛的集体项目主要是接力跑,参与接力跑的运动员可能会涉及不同的项目训练组。总教练应确定参与接力跑运动员的名单,明确接力跑训练的时间,以便来自不同项目组的运动员有统一的时间进行接力跑训练。接力跑的教练员可由总教练本人或由总教练指定的教练员担任。

(5) 训练的分期和时间安排及运动负荷:训练的分期和时间一般是按自然周来安排的,所以,短期集训总训练计划的重点是对各项目训练组在集训期间各周的训练内容和比重进行安排。各周的训练内容和比重及训练负荷的安排,类似阶段训练计划,不同点在于这种安排是针对集训队各个项目训练组的。

(6) 训练指标和阶段检查:将集训队总的比赛任务和目标明确分解到各个项目训练组。同时,对各阶段检查的时间要有一个统一的安排。

(7) 保障措施和注意事项:根据训练条件和短期集训的规律,提出完成集训任务的保障措施和注意事项。

2. 项目组集训计划

各项目组是落实集训队总训练计划的基本训练单位。项目组教练员要根据集训队总训练计划和本组运动员的实际情况,制订本项目组的集训计划。

项目组的集训计划与阶段训练计划基本相同。

3. 个人集训计划

个人集训计划要根据本项目组集训计划的安排并紧密结合个人实际情况制订。其内容主要包括个人训练任务与目标,适合个人特点的专项训练内容、方法和基本手段,遵守集训队规章制度和完成训练任务的决心等。

思考与作业题

1. 田径教学中应遵循的体育教学原则有哪些?举例说明你在教学中如何运用直观性原则和从实际出发原则。

2. 根据田径运动教学的一般规律,以一个田径项目为例,试述这个项目技术的教学步骤的安排。

3. 田径教学中通常采用的教学方法有哪几种?何为完整教学法和分解教学法?在实际运用中应注意什么问题?

4. 田径运动训练内容有哪些?试述发展力量的方法。

5. 田径运动训练计划有哪几种?"短期集训"训练计划应包括哪些内容?

项目四 短跑

项目四 短 跑

【学习指导】 短跑是极限强度的周期性运动项目,完整的短跑技术由起跑、起跑后加速跑、途中跑和终点跑组成。其中途中跑在完整技术中占主要地位,途中跑技术的优劣和能力的强弱对短跑成绩的影响最大。同时也不可忽视起跑、起跑后加速跑和终点跑在完整技术中的重要作用。

短跑的教学首先应从途中跑技术着手,重点抓好腿的折叠前摆和下压准备着地动作。途中跑技术的教学一般采用分解教学与完整教学相结合的方法。其他技术环节一般采用完整教学法,在完整教学时要突出重点。

短跑训练应包括技术训练、身体训练和心理训练三方面。对少年儿童进行短跑训练时,首先应抓好基本技术,使之逐步形成规范的动作结构,重视摆腿和摆臂技术训练,加强蹬摆结合。并注重全面身体训练,同时应考虑到少年儿童在7~13岁年龄阶段处在速度素质的快速增长期,抓好此阶段的速度练习有助于促进动作频率、单个动作速度及反应速度的快速发展。

任务一 短跑技术

短跑是极限强度的周期性运动项目,也是发展速度素质最有效的手段。短跑的全程技术可分为起跑、起跑后加速跑、途中跑和终点跑四个部分。

一、起跑

起跑的任务是获得向前的冲力,使身体迅速摆脱静止状态,为起跑后加速跑创造条件。田径竞赛规则规定,短跑比赛必须采用蹲踞式起跑并使用起跑器,还要按发令口令完成起跑动作。安装起跑器的目的是使两脚有牢固的支撑,形成良好的用力姿势。起跑器安装方法有普通式和拉长式两种。

普通式:前起跑器距离起跑线为1.5脚长,后起跑器距离前起跑器也为1.5脚长。两起跑器之间距离为15厘米,前、后起跑器的支撑面与地面的夹角分别是45°和75°。

拉长式:前起跑器距离起跑线2脚长,后起跑器距离前起跑器1脚长。起跑器的安装及两起跑器左右间隔距离与普通式相同。起跑器的安装方法还应根据个人特点、身高、体形、身体素质来选择,目的是发挥肌肉的最大力量,获得最大的初速度,以利于起跑和起跑后加速跑。

起跑过程包括"各就位""预备"和"鸣枪"三个阶段。

(一)"各就位"

听到"各就位"口令后,运动员应放松并轻快地走到起跑器前,俯身用两手撑地,两脚依次蹬在前后起跑器的抵趾板上。将有力脚放在前起跑器上,后膝跪地,两手收起,放到起跑线后沿,两臂伸直,两手距离比肩稍宽,四指并拢,与拇指成"八"字形,做有弹性的支撑。身体重心稍向前移,头与躯干保持在一条直线上,眼睛看前下方40~50厘米处,身体重心均衡地落在两手、前脚及后膝关节上,集中精力听"预备"口令。

(二)"预备"

听到"预备"口令时,逐渐抬起臀部,使之高于肩部,身体重心适当前移,并落在两臂和前脚上。预备时,前膝角度为90°~100°,后膝角度为120°~140°。两脚要贴紧在起跑器的抵趾板上,集中精力听"鸣枪"。

(三)"鸣枪"

听到枪响后,两手迅速推离地面,并屈肘做有力的前后摆动。两腿爆发式地快速蹬离起跑器,头和躯干积极向前倾压,后腿蹬离起跑器后迅速屈膝向前上方摆动。摆动时注意脚不应离地面过高,这有利于迅速着地,并过渡到下一步。前腿有力蹬伸,后蹬角约为42°~45°。(如图4-1所示)

图4-1 起跑

项目四 短跑

二、起跑后加速跑

起跑后加速跑是从蹬离起跑器到进入途中跑前的一个跑段。这段加速跑的距离为 30 米左右。加速跑的任务是尽快加速达到自己的最高速度。加速跑的步长变化一般是：第 1 步长 3.5～4 脚；第 2 步长 4～4.5 脚。之后的步长逐渐增大，直至进入途中跑。开始的几步，两脚的落点自然分开，随着跑速的提高和步长的增大，两脚的落点逐渐合在一直线上。

蹬离起跑器后，身体处于较大的前倾状态，随着速度的加快和步长的增大，上体逐渐抬起，保持正直，最后接近途中跑的姿势。（如图 4-2 所示）

图 4-2 起跑后加速跑

三、途中跑

途中跑的任务是继续发挥并保持最高速度。

（一）支撑时的腿部动作

1. 着地

在腾空时期结束时，摆动腿大腿积极下压，膝关节几乎伸直，脚掌扒地（如图

4-3④和⑤所示）。着地点与身体重心投影点距离适宜，为 27～37 厘米。着地角为 65°～68°。

着地时，踝、膝、髋屈曲缓冲，使身体重心迅速前移，进入垂直支撑阶段。同时后腿的小腿折叠，顺惯性向支撑腿大腿靠拢（如图 4-3①—②所示）。

2. 垂直支撑

身体重心在垂直支撑阶段，支撑腿膝关节弯曲角度为 136°～142°，摆动腿大、小腿折叠收紧（如图 4-3②和⑥所示），这样能缩短摆动半径，加快摆动速度并增大后蹬效果。

3. 后蹬

身体重心移过垂直支撑点后，即进入后蹬阶段。此时，摆动腿同侧髋前送，带动大腿，屈膝向前上方迅速摆出，摆动腿摆至约与水平面平行的位置。同时，支撑腿在摆动腿的顺势带动下，快速蹬地，伸展髋、膝和踝关节，使身体重心快速前移。（如图 4-3③和⑦所示）两大腿夹角可达 100°～110°，后蹬角为 56°～60°，膝关节角为 150°～160°。可见，途中跑时后蹬腿并非完全蹬直。

图 4-3 途中跑

项目四 短跑

（二）腾空时的腿部动作

后蹬结束，身体进入腾空时期。摆在前面的腿，以大腿用力积极下压，膝关节放松，小腿随大腿用力下压的惯性，自然向前下方摆出，脚前掌自然翘起准备"扒地"式着地（如图4－3③—⑤，⑦—⑨所示）。前大腿的积极下压，带动后腿快速折叠前摆，加快两腿在空中"剪绞"，有利于缩短腾空时间。

（三）摆臂和上体姿势

两臂应有力地前后摆动。摆臂以肩关节为轴，肩带放松，以上臂带动前臂，屈肘前后摆动。前摆时稍向内，手的高度在下颌附近，并带动同侧肩前送，肘关节角度为60°～70°（如图4－3①—④所示）。后摆时肘关节稍向外，肘关节角度为130°～150°（如图4－3⑤—⑧所示）。两臂的积极摆动，可以加快腿部动作速度并维持跑动中身体的平衡。两臂摆动时，两手手指自然半握或伸直（伸直手指能更有力地用力）。摆臂应前后摆动，放松有力，不要耸肩。途中跑时，上体稍前倾或正直，头部正直，两眼平视。

四、终点跑

终点跑是全程跑的最后一段，应尽量保持途中跑的高速度跑过终点。终点跑的技术，要求运动员在离终点线15～20米处时，尽力加快两臂摆动速度和力量，保持上体前倾角度。当运动员离终点线只有1步距离时，上体急速前倾，双手后摆，用胸部或肩部撞终点线，跑过终点后逐渐减速。

任务二 短跑教学

一、建立正确的短跑完整技术概念

（1）讲解短跑项目技术特点。
（2）用图片、录像、多媒体等直观教具，让学生形象地了解短跑完整技术。
（3）示范，用50～60米距离做短跑完整技术示范。

二、学习跑的专门性练习

（一）教学重点

掌握常用的跑的专门性练习及练习要求。

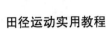

（二）教学方法

1. 小步跑练习

脚落地时，用前脚掌扒地过渡到垂直支撑，体会短跑时脚的着地技术。练习时，半高抬腿，膝关节放松，身体重心自然前移，直腿向下，做前脚掌扒地。

2. 高抬腿跑练习

将小步跑时抬膝动作加大抬高，体会短跑中摆动腿折叠高抬前摆技术。

3. 后蹬跑练习

支撑腿积极快速后蹬，并减小后蹬角度，加大前摆时的幅度，体会快速有力的后蹬和两腿快速剪绞动作。

4. 后踢腿跑（折叠跑）练习

后蹬结束，后蹬腿的小腿顺惯性向大腿折叠，脚跟紧靠臀部，体会短跑时摆动腿的折叠摆动技术。

5. 车轮跑练习

将小步跑、高抬腿跑、后踢腿跑有机结合起来，体会各环节的衔接和用力顺序。要求动作幅度大，身体重心高，动作连贯。

各种跑的专门练习是根据跑的技术动作而设计的一些动作分解练习，对学习、掌握和提高短跑技术具有非常重要的辅助作用。

三、学习途中跑技术

（一）教学重点

摆动腿折叠前摆，大腿积极下压与前脚掌着地"扒地"动作；两臂前后摆动与两腿快速后蹬的协调配合。

（二）教学方法

（1）原地摆臂练习。原地自然站立做前后摆臂，以肩为轴，先做大幅度的直臂前后摆动，然后逐渐屈曲肘关节，前摆时肘关节角度小，后摆时肘关节角度大。练习时，强调肩肘放松，前后摆动，两手指稍屈或伸直（伸直更有利于用力）。

（2）用前脚掌着地，富有弹性地练习慢跑。前脚掌着地，提拉脚跟并有弹性地跑，两臂前后摆动与跑步动作协调一致。

（3）由高抬腿跑20米逐步转入加速跑40～50米。强调用前脚掌着地，转入加速跑时，注意上肢与下肢动作的协调配合。

（4）行进间跑30～60米，体会完整的途中跑技术。

项目四　短跑

（5）加速跑 70～80 米，要求加速至最高速度时保持速度顺惯性自然跑进，体会自然的放松跑技术。

四、学习蹲踞式起跑技术

（一）教学重点

起跑器的安装方法；"各就位""预备"和"鸣枪"时的技术要领；起跑后的前几步跑的技术。

（二）教学方法

（1）讲解示范蹲踞式起跑的起跑器安装方法。
（2）学习普通式起跑器安装方法。
（3）按"各就位""预备"口令体会起跑动作。
（4）听到"跑"的口令时，手脚同步发力，加大上体前倾度，快速蹬离起跑器，向前积极跑出。
（5）集体听口令，蹲踞式起跑加速 20～30 米。

五、学习弯道途中跑技术和弯道起跑技术

（一）教学重点

弯道跑时，上肢、下肢与身体内倾的协调配合；弯道起跑器的安装。

（二）教学方法

（1）讲解弯道跑技术特点，示范弯道跑技术。
（2）沿半径为 15 米左右的圆圈做圆圈跑练习。跑时，左脚用外侧、右脚用内侧着地，逐渐加快速度，体会身体向内倾斜的感觉。
（3）直道进入弯道跑 30 米，体会由直道跑进入弯道跑的衔接技术。
（4）学习直道进入弯道和弯道进入直道的练习。
（5）学习弯道上安装起跑器的方法，体会弯道起跑后沿切线进入弯道的技术。

六、学习终点跑技术

（一）教学重点

加快两臂摆动和积极后蹬保持冲刺的速度；身体积极前倾，用胸部撞终点线。

（二）教学方法

（1）讲解终点跑技术特点，示范撞线动作。
（2）慢跑中，做上体前倾撞线动作。
（3）中速跑、快速跑 30～40 米做撞线动作。

七、学习短跑完整技术

（一）教学重点

强调各技术环节的特点；跑好途中跑；各环节技术的衔接。

（二）教学方法

（1）蹲踞式起跑 60 米全程跑。
（2）蹲踞式起跑 100 米全程跑。

任务三　短跑训练的内容与方法

一、技术训练

（一）重视规范技术的训练

短跑的规范技术应体现出具有良好的实效性和经济性。运动员在跑时，能够合理地利用身体各部分肌肉的力量，获得有效的向前的动力，推动身体积极向前跑进，并能放松地、协调地、最经济地消耗自己的体能。

在技术训练中，一般都以完整技术训练为主，结合其他个别技术的改进和提高。完整技术的改进和完善，必须长期坚持，并有针对性地进行。采用的各种专门练习应有具体的要求，力求解决实际的技术问题。

运动员训练水平各有不同，在规范完整技术时，应根据个人具体情况，注意形成适合运动员自己的技术特点。

技术训练经常采用的练习方法有：
（1）各种跑的专门性练习。
（2）各种跑的练习。
（3）不同段落的跑的练习。
（4）起跑练习。

（二）短跑放松、协调能力的训练

跑时的放松、协调能力是提高跑的速度的重要条件。放松、协调能力在多年系统训练中才能逐渐获得，特别在少年时期就要打好放松、协调的基础。在技术训练中，要经常注意主动肌与对抗肌的伸展练习并重视发展肌肉的弹性。完成各种跑的练习时，在强调跑的技术的同时，更要强调跑的节奏，提高放松、协调能力。经常采用的练习方法有：

（1）不同段落的加速跑练习。
（2）80～100米的放松大步匀速跑练习。
（3）100～150米的惯性跑练习。逐渐加速至最高速度，然后随惯性放松跑。
（4）不同段落的节奏跑练习。

（三）技术训练与身体训练相结合

短跑技术训练，应注意与身体训练密切结合。在短跑的技术训练中，必然有身体训练的内容，而在短跑的身体训练中，又必然要有技术训练的要求。同时，短跑技术的完善，又与相应的身体素质的发展和提高有直接关系。因此，在短跑技术训练中，应相应地结合身体训练的方法和手段，这样才能取得良好效果。例如，发展上肢和肩带肌肉力量，改进和完善摆臂技术；发展髋部肌肉力量及其灵活性，改进和完善跑时的送髋动作；发展踝和脚趾关节的肌肉力量，以利于改进和完善着地和蹬地动作等。

二、身体训练

（一）抓好专项速度训练

短跑专项速度训练，应包括起跑反应速度训练、加速能力和最大速度能力训练。

1. 起跑反应速度训练

在0.01秒决定胜负的短跑比赛中，起跑反应快慢有着举足轻重的作用，因此，短跑运动员对起跑反应速度的训练，都应予以足够的重视。

反应速度与中枢神经系统状态密切相关，提高中枢神经系统的灵活性，可以提高反应速度。反应速度训练，宜在神经系统处于较佳状态时进行。经常采用的练习方法有：

（1）由蹲地、弓箭步、仰卧或俯卧姿势，听口令或看信号迅速跑出。
（2）运动员相对站立，听口令或看信号迅速转身跑出。

(3) 慢跑中，听不同的口令，迅速向前或向后转身跑出。

(4) 听枪声或口令的起跑练习。

2. 加速能力和最大速度能力训练

加速能力是指运动员起跑后，在最短的时间内达到最大速度的能力；最大速度能力是指运动员获得最大速度后，继续发挥和保持速度的能力。

影响跑速的因素是步频和步长，协调发展步频和步长，是提高运动员跑速的主要内容。提高加速能力和最大速度能力，必须考虑短跑项目的供能特点。短跑项目时间短、强度大、单位时间内能量消耗多，运动中主要靠无氧代谢供能。因此，一般采用的练习时间为 10 秒以内，练习强度为 90% 以上，间隙时间为 3～5 分钟，课的总量为 300～400 米。

经常采用的练习方法有：

(1) 30～60 米起跑练习。

(2) 30～60 米行进跑练习。

(3) 顺风跑和下坡跑练习（坡度为 3°～4°）。

(4) 让距追逐跑或接力跑。

(5) 60～80 米计时跑练习。

（二）重视速度耐力训练

速度耐力是指运动员将最快速度保持到终点的能力。进行速度耐力训练时，采用的练习手段、练习次数和组数，必须考虑运动员承受最大氧债的能力。因此，每组练习之间的休息时间，只能使氧债得到部分偿还。也就是说，在运动员没有完全恢复之前，就要进行下一组的练习。进行速度耐力训练时，练习时间不超过 1 分 40 秒，练习强度为 80%～90%，间隙时间为 2～3 分钟，课的总量为 1200～2000 米。速度耐力训练经常采用的练习方法有：

(1) 100～150 米重复跑。

(2) 100 米快跑 + 100 米慢跑 + 100 米快跑的变速跑。

(3) 80～100 米计时跑。

(4) 300～500 米，强度为 80%～90% 的反复跑。

(5) 各种距离的组合跑，如 100 米 + 200 米 + 300 米或 100 米×3 + 200 米×2 + 300 米等。

（三）速度力量训练

短跑所需要的力量应是爆发性力量和速度力量耐力。它的特点是要求肌肉快速地收缩，并保持和提高这种肌肉快速用力的能力。

进行速度力量训练时，采用的练习手段要与短跑技术动作相一致。练习时，应在保证快速完成动作的前提下，逐渐增加重复次数和负荷重量。要重视发展小肌肉群力量，并注意将大肌肉群力量训练与小肌肉群力量训练相结合，使大腿前肌肉群与后肌肉群协调发展。

短跑速度力量训练经常采用的练习方法有：

1. 各种跳跃练习

（1）发展爆发性力量练习。要求快速连贯地完成各种跳跃练习，练习时间为10秒之内，练习强度为90%以上，间隙时间为3～5分钟，课的总量不超过500米。

（2）发展速度力量耐力练习。要求动作幅度大、有节奏，练习时间为1分钟之内，练习强度为90%，间隙时间为2～3分钟，课的总量为1000～1500米。

2. 各种负重练习

（1）发展爆发性力量练习。要求快速完成各种动作练习。练习时间为6～15秒，间隙时间为3～5分钟。

（2）发展速度力量耐力练习。要求动作速度快、有节奏，练习时间为30秒之内，间隙时间为2～3分钟。在短跑的身体训练中，还应系统地进行柔韧性和关节灵活性的训练，增强肌肉的伸展性和弹性，这是改进和提高短跑技术的基本条件。此外，还应加强一般耐力训练，改善心肺功能，提高运动员承受高强度训练和加快训练后恢复的能力。

三、心理训练

短跑运动员心理训练的目的是通过训练控制自己的感情和情绪，以便于在比赛中排除外来的刺激和压力，控制和抑制比赛中出现的不利心理状态；训练自己在比赛中的注意力，重复激发最大的运动技能潜力。短跑的心理训练，要在顽强的意志品质培养中，使运动员适应在比赛条件下与对手进行激烈竞争。

心理训练经常采用的练习方法有：

（1）肌肉放松法。利用语言、意念和想象力，有意识地训练肌肉以达到松弛状态，使身体、情绪处于平静状态，学会放松自己。

（2）表象训练法。运用技术训练中形成的感受知觉，在头脑中形成运动表象。用自我暗示的方法强化技术动作。

（3）模拟训练法。在模拟比赛环境、对手条件的情况下进行训练，维持运动员心理状态的稳定性。

思考与作业题

1. 解说短跑途中跑技术要点。
2. 解说和示范各种跑的专门性练习。
3. 发展跑的速度经常采用哪些练习手段？列举 5 个以上的练习手段。到田径场上，做一做这些练习，并解说这些练习的动作要领。

项目五　中长跑

项目五　中长跑

> 【学习指导】中长跑是中距离跑和长距离跑的合称。男子 800 米、1500 米和 3000 米，女子 800 米和 1500 米属于中距离跑；男子 5000 米、10000 米，女子 3000 米、5000 米和 10000 米属于长距离跑。从较长时间内需要连续不断地重复跑步动作的每一个步骤的技术结构看，中长跑属于周期性运动项目，也是富有挑战性的运动项目之一，它需要有必要的生理机能、顽强的毅力做后盾。
>
> 中长跑项目有技术教学与训练两方面。技术教学主要是掌握合理的专项技术，使技术的完整性贯穿于专项跑距的全过程。而专项训练则包括专项技术训练、专项素质训练、速度训练、耐力训练、身体训练、战术训练、心理训练、恢复训练及高原训练等内容。

任务一　中长跑技术

现代中长跑已不只是纯粹的耐力性项目，而是速度与耐力的较量。成功的中长跑技术标志是比赛中根据不同赛段的速度要求，调整步长和步频的合适比例，跑进中身体各部位动作保持自然协调，肌肉收缩与放松协调交替，重心移动平稳且直线性及节奏性强，使人体以最小的能量消耗取得最大向前运动的效果。中长跑全程可分为起跑及起跑后加速跑、途中跑和终点跑几个依次相关阶段，其技术特点是在保证最佳步长的基础上，高频率、快节奏、重心平稳、波动差小、放松省力地完成全跑程。

一、起跑和起跑后加速跑

起跑和起跑后加速跑的任务是使身体迅速摆脱静止状态，并在短时间内获得较快的速度。起跑采用站立式起跑。

起跑过程包括"各就位"和"鸣枪"两个阶段。

（一）"各就位"

听到"各就位"的口令后，运动员应从容轻快地从预跑线走到起跑线，两脚前后开立,紧靠起跑线后缘,两脚前后距离约一脚长。两臂自然下垂,上体前倾,两腿弯曲,重心落在前脚上,目视起跑线前 3～5 米处,身体呈稳定待发姿势,精神集中聆听出发信号。(如图 5-1 所示)

图 5-1 中长跑的起跑技术

(二)"鸣枪"

出发信号一响,两腿用力蹬地,两臂配合做快而有力的前后摆动,使身体迅速向前冲出,身体摆脱静止状态,在短时间内尽快获得相应速度。

起跑后加速跑,上体较前倾,摆臂、摆腿和后蹬等动作都应迅速积极。加速跑的距离,须根据项目、个人运动水平和比赛性质而定,通常距离较短,加速跑距离较长,跑速较快。无论是在直道还是在弯道上起跑,都应按既定的战术,在较短时间内达到既定速度,在规则允许范围内,占据有利的战术位置,进入预设的途中跑速度。

二、途中跑

途中跑是中长跑的主要阶段,是决定成绩好坏的主要组成部分。途中跑应强调动作轻松自然,蹬伸有力、脚弓富有弹性和节奏感强的专项技术,这可减少机体的耗能,达到能量节省化的目的。

(一)上体姿势与臂部动作

途中跑时上体自然伸直或稍前倾(前倾在 0°～5°变化),跑进中头、颈与脊椎形成一条直线,头部与肩部始终保持垂直姿势,脸部肌肉放松以维持上体平衡。臂部放松,两臂自然弯曲约 90°,两手自然半握拳,以肩为轴,在躯干两侧做积极放松的前后摆动。(如图 5-2②—⑤和⑦—⑪所示)摆臂幅度随速度调整而做相应变化。中长跑有一半距离在弯道进行,弯道跑技术和短跑弯道跑技术基本相同,只是跑速较慢，用力程度较小。

（二）着地缓冲

现代中长跑着地及着地后的缓冲技术动作采用全脚掌着地，着地缓冲主要是为了减少地面对人体的冲击，减少水平速度的损失，为转入后蹬创造有利条件。脚着地前，摆动腿大腿积极下压，小腿顺势前伸，足跟外侧先着地，然后立即滚动到前脚掌。（如图5-2①—②和⑦—⑨所示）着力点距身体重心投影点应为20～30厘米。脚着地后应迅速屈踝、屈膝、屈髋，身体重心落在支撑点时，全脚掌着地，完成缓冲动作。小腿后群肌和大腿前部肌肉应积极、协调做退让，以减少着地的制动力，使身体重心快速前移进入后蹬。

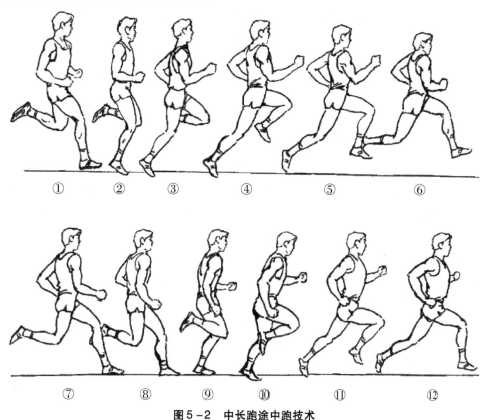

图5-2 中长跑途中跑技术

（三）后蹬与前摆

在身体重心移过支点后，支撑腿后蹬的同时，异侧大腿积极前摆。后蹬腿3个关节迅速蹬伸，用力顺序是伸髋→伸膝→伸踝。后蹬腿膝关节基本伸直，一般为

160°~179°。同时摆动腿大腿带动小腿积极向前方摆动（如图5-2②—⑤和⑨—⑪所示），这样可加快后蹬的速度，带动身体重心向前移动。大腿摆动时，小腿应放松自然下垂，与处于后蹬过程的后蹬腿保持基本平行。

（四）腾空

后蹬蹬离地面后，身体进入腾空阶段（如图5-2⑥所示）。后蹬腿应及时放松肌肉，小腿尽快向大腿折叠靠拢。优秀运动员大多不会过高地后甩小腿，而是在脚上抬的同时膝向前摆动，这样可缩短摆动半径，加快摆动速度。

三、终点跑

终点跑是根据战术需要而进行的一段快速跑，发起终点冲刺跑的距离取决于项目、训练水平、个人特性和对手特性等诸因素，长距离冲刺一般距终点500~700米处发起，短距离冲刺距终点200~400米处发起。冲刺跑要求运动员具有短跑技术和能力，同时，注意减少疲劳状态下身体的多余动作，激发机体最大潜能，竭尽全力冲过终点。

四、中长跑的呼吸

中长跑时，为了改善气体交换与血液循环的条件，应注意呼吸的节奏。呼吸的节奏取决于个人特点和跑的速度。一般是跑2步或3步一呼气，跑2步或3步一吸气。随着跑速的提高，呼吸频率也相应加快。在终点冲刺跑时，有些运动员采用1步一呼、1步一吸的方法。呼吸应自然并有一定的深度。随着疲劳的出现，应着重加深呼气，只有充分呼出二氧化碳，才能充分吸进新鲜氧气。在强度大、竞争激烈的情况下，为了提高呼吸效率仅用鼻子呼吸是不够的，应半张口与鼻子同时呼吸，以最大限度地满足机体对氧气的需要。

中长跑时，由于内脏器官机能的惰性，氧气的供应暂时落后于肌肉活动的需要，跑一段距离后会不同程度地出现胸部发闷、呼吸困难、动作无力的现象，迫使跑速降低，甚至有难以坚持跑下去的感觉。这种生理现象叫"极点"，它与准备活动、训练水平和运动强度等有关。跑的强度大，"极点"出现得早；跑的强度小，"极点"出现得迟，而且感觉轻，适应的时间也短。"极点"现象也与训练水平有关，训练水平高，内脏器官的适应能力就强，"极点"出现就较缓和、短暂。"极点"是可以克服的，在练习过程中，应遵循循序渐进的原则，充分做好准备活动，掌握好途中跑的速度变化。当"极点"出现时，可适当降低跑速，注意加深呼吸，特别是加深呼气，同时要以顽强的意志坚持下去。"极点"的克服，不仅是提高训练水平的过程，也是锻炼意志、培养克服困难精神的过程。

五、中长跑的战术

中长跑的战术取决于多种因素，如竞技状态、参赛人数、主要对手及跑道、气候、风向、赛次等。中长跑的战术应根据比赛目的制定。

（1）创造个人最高成绩而不管比赛名次如何：运动员应合理分配体力，采用途中匀速跑，最后冲刺的战术。

（2）大赛中要获得好名次而不管成绩如何：运动员应根据个人优势和对手的情况制订计划，耐力好而速度差的运动员可采用领先跑的战术，或采用变速跑的战术。速度较好而耐力差的运动员可采用跟跑战术，到最后再冲刺战胜对手。

（3）既要名次也要成绩：运动员要考虑多种因素，应以"我"为主，充分发挥自己的特长。比赛中还应根据风向调整战术和跑的技术，逆风时加大前倾度，缩短步长；顺风时上体正直，步长加大些，借助风力向前跑进。中长跑在比赛中的战术不是一成不变的，要头脑清醒，随时掌握对手的情况，要善于控制自己的节奏，不受外界干扰，不盲目冒进，不轻易改变战术或以没有把握的速度跑，造成不应有的失败。同时应提倡敢领先、敢冲、敢拼的精神。

任务二　中长跑教学

中长跑的教学中，对掌握专项技术和提高机体生理机能水平等方面一般比较重视，但由于中长跑是周期性项目，与其他项目比较相对乏味，因此，在教学中引导学习者在跑中获取乐趣，锻炼坚韧不拔的毅力，用愉悦的心情进行学习也是至关重要的。

一、中长跑专项技术教学步骤与方法

（一）了解专项知识，建立专项技术概念，养成艰中寻趣、苦中找乐的学习态度

（1）用PPT等多媒体教具与手段展示图片、教学录像、训练和比赛录像，介绍讲解中长跑的一般知识和相关概念，让学生直观地了解和学习中长跑的技术特点、要求、方法和要领，使学习者对中长跑的诸多要素有较全面的认识。

（2）用中外中长跑名将的传奇故事作案例，让学习者感受中长跑运动既艰辛又快乐的过程，引导他们从思想上接受中长跑，并产生从艰苦的中长跑中寻找乐趣的主观能动意愿。

（二）学习起跑和起跑后加速跑

1. 教学重点

起跑姿势稳定待发，"鸣枪"后两腿、臂快速配合做向前冲出动作，在较短时间内达到既定速度，占领有利战术位置，为进入预设的途中跑速度做准备。

2. 教学步骤与方法

（1）用 PPT 等多媒体教具与手段展示图片、教学录像、训练和比赛录像，边讲解边让学生直观地了解和学习起跑和起跑后加速跑的技术特点、要求、方法和要领。

（2）学习原地站立式起跑姿势：全班分成数组，每组一跑道，相隔两臂距离成横队排列，听到发令"各就位"后，各组以预备起跑姿势站立在分道线后。练习数次，边练习边纠正。主要让学习者体会起跑前两脚摆放位置和身体各部位的姿势。

（3）学习直道站立式起跑：以组为单位，每人一跑道，听到发令"各就位"后，各人以预备起跑姿势站立在起跑线后，出发信号一响，学习者完成起跑和起跑后加速跑，要求不犯规地切线跑入第一跑道，并沿第一跑道内侧向前跑进 50～60 米。

（4）学习弯道站立式起跑：以组为单位，每人一跑道，听到发令"各就位"后，各人以预备起跑姿势站立在起跑线后，出发信号一响，学习者完成起跑和起跑后加速跑，要求不犯规地切线跑入第一跑道，并沿第一跑道内侧向前跑进 70～80 米。

（三）学习途中跑

1. 教学重点

途中跑强调整体技术动作的合理性和轻松自然性，稳定如一的跑进节奏是机体能量节省化的有效保证。

2. 教学步骤与方法

（1）用 PPT 等多媒体教具与手段展示图片、教学录像、训练和比赛录像，边讲解边让学生直观地了解和学习途中跑的技术特点、要求、方法和要领。

（2）以组为单位，用 50% 速度匀速跑 200 米。

（3）以组为单位，完成 400 米跑。要求：用 50%～60% 速度匀速跑完成前半程的 300 米，用 80%～90% 速度完成后程的 100 米加速冲刺跑。

通过重复练习法，体会和基本掌握正确的途中跑摆臂、腿部动作和躯干姿势。此阶段的学习时数可适当安排多些，目的是让学习者在重复练习中对专项技术从基本掌握逐渐过渡到动力定型，打好专项技术基础。

3. 教学手段

（1）间隙跑。

间隙跑是通过快跑和慢跑的交替跑来提高心肺功能和耐力水平的训练手段。（100 米中速跑 + 100 米慢跑）×2～3 圈；（200 米中速跑 + 100 米慢跑）×2～3 圈；（300 米中速跑 + 100 米慢跑）×2～3 圈。

（2）定距跑。

800 米、1500 米、3000 米、5000 米和 10000 米跑，根据学习者所练专项，以中等速度循序渐进地从短距离到长距离进行反复或不同距离的穿插轮换跑。

（3）越野跑。

利用校园自然环境和地形进行定时或定距的越野跑练习。越野跑因地形的不同而有不同的效果。在平坦的路线上跑，可改善跑道训练的视野单一性，沿途景物的变化能增加跑的乐趣，改善跑的枯燥，使人在心理上有愉悦的感觉；而在富于起伏的路线上跑，心肺的负荷更大，更能提高其对负荷的承受力；上坡、下坡对腿部肌肉耐力是一个很好的锻炼；穿越曲折多变的林间道，躯体姿态也随之发生变化，能训练身体的平衡感。

无论使用哪种手段进行途中跑训练，都应注意使用正确的摆臂、腿部动作和躯干姿势，呼吸与步伐的配合也需要注意，掌握正确的中长跑呼吸方法。

（四）学习终点冲刺跑

1. 教学重点

发起冲刺跑的距离应根据运动员的个人特征和能力来确定，太早或太晚均会影响成绩和名次。另外，注意避免疲劳状态下身体多余动作的出现，减少冲刺跑的阻力。

2. 教学步骤与方法

（1）用 PPT 等多媒体教具与手段展示图片、教学录像、训练和比赛录像，边讲解边让学生直观地了解和学习终点冲刺跑的技术特点、要求、方法和要领。

（2）以组为单位，从站立式起跑出发，以 60% 速度完成 200 米、400 米、800 米跑，在最后 100～150 米处进入加速冲刺跑通过终点。

（3）以组为单位，从站立式起跑出发，以匀速跑速度完成 1500 米、3000 米跑，在最后 100～150 米处进入加速冲刺跑通过终点。

任何距离的中长跑，最后冲刺跑阶段都是接近机体最疲劳甚至极限的阶段，此时更应注意技术动作的正确性，始终如一地保持动作不变形，直至冲过终点，顺利完成全跑程。

(五)学习全程跑技术

1. 教学重点

把中长跑各专项技术分解学习过渡到连贯的整合技术学习,让学习者体会如何才能完整、流畅地按预设目标完成全程跑是此学习环节的任务。

2. 教学步骤与方法

(1)组织教学测验,测验距离800米、1500米。

(2)以组为单位,从站立式起跑出发,以匀速跑速度完成800米、1500米跑,在最后100~150米处进入加速冲刺跑通过终点。

(3)记录每次全程跑成绩并进行对比和总结,是改进和提高专项技术的重要手段。

任务三 中长跑训练的内容与方法

一、专项训练的特点

(一)专项技术训练

能有效、经济地使用机体产生的能量的姿势就是最佳的跑姿技术。运动员身体条件、训练水平各有不同,在专项技术训练时,应根据个人实际情况,逐渐形成适合自己的技术特点和优势。

技术训练应以完整技术为主,可结合个别技术的改进和完善。中长跑跑姿技术结构相对简单,这为改进、完善动作创造了有利条件。对错误动作的纠正,宜采取有针对性的各个击破法进行,待纠错成功并动力定型后,再进行其他的改进,这样方能有效地避免纠错的重复发生。

(二)专项素质训练

提高有氧训练和无氧训练水平是中长跑运动员努力的方向。项目不同,有氧和无氧训练的比例就不同,跑的距离越长,有氧训练比例越大,无氧训练则越少。

相关研究结果表明,中长跑运动员血乳酸值4摩尔/升左右时的跑速确定为无氧阈速度,而使用无氧以下速度进行不间断持续跑是发展有氧能力的主要手段。确定运动员的无氧阈后,可训练其用无氧阈70%~90%的速度进行不间断持续跑。例如,某运动员无氧阈速度为5.2米/秒(即每千米4′34″),此速度的不间断匀速跑占跑量的30%,心率在20~24次/10秒,不超过120分钟。

无氧训练,即用无氧阈70%~90%的速度(即每千米3′05″~3′45″)进行训练,此手段占训练的60%,心率在27~28次/10秒,是提高无氧能力的重要手段。

(三)速度训练

速度素质是径赛运动员必须具备的素质,在不同距离的比赛中,速度可分为三种:一为绝对速度,表现为10~60米行进跑的成绩。二为基础速度,可采用站立式起跑100米成绩。三为相对速度,即短于专项距离的段落速度,如800米运动员的相对速度就是100~600米的成绩。在确定成绩指标时,相对速度是主要参考指标。假如运动员400米成绩为1分,那任何时候其800米成绩也不会达到2分。

速度训练课的安排因运动员年龄段、训练地域、季节等而有所区别。一般冬天每周一次,春夏每周2次,赛季每周期(2周)3次。

(四)耐力训练

1. 一般耐力和专项耐力

一般耐力训练即时间长、速度慢、强度小的有氧能力训练,时间与速度划分有相应比例,如两小时跑,要求每千米/5分钟,一小时跑,要求每千米/4分钟;强度要求一般不小于75%。专项耐力即整个跑程自始至终保持高速度的能力。专项耐力训练可称为无氧训练,是几乎每天都要进行的专项训练,强度在80%~95%。

一般耐力与专项耐力训练采用的手段和形式基本相同,差异之处在于训练时间、间隙时间、重复次数和强度。例如,发展速度:50米×6,强度95%~100%,休息3分钟;发展一般耐力:400米×2,强度75%及以下,休息慢跑200米;发展专项耐力:(2×400米)×2,强度80%~95%,慢跑200米,组间休息7分钟。

2. 发展耐力训练手段

(1)持续跑的特点是距离长、匀速。通过持续跑可以提高耐力训练和有氧训练水平。初学者一次课至少要跑15分钟,优秀运动员一次课达12~20千米。

(2)重复跑是发展速度和专项耐力,培养速度和节奏感的手段。其训练范围很宽,50米至1000米、2000米,直至最长的10000米。重复跑选择的段落应短于专项距离,例如,800米跑,以400~600米为主;10000米,以1000~6000米为主;等等。

(3)间隙跑是有氧与无氧混合训练、无氧训练。间隙训练的内容包括距离、强度、重复次数、间隙的时间与内容,间隙跑的休息方式是慢跑,机体没有完全恢复就要进行下一次练习。例如,6×200米,要求每次27秒,每次之间慢跑200米,当脉搏恢复至120~130次/分时,开始下一次练习。

(4) 法特莱克（跑的游戏）这种野外变速跑可作为不同心率（130～180次/分）的有氧训练手段，训练时间一般30～120分钟，运动员进行100米到2000～3000米的加速跑，事先不规定加速跑的速度，也不限制慢跑的时间，此训练方法对1500～5000米的项目比较有效，冬春季节采用较多，也可以全年贯彻。

(5) 专项耐力训练法。

①百分比强度要求法：计算某段跑的强度要求公式为：强度要求＝个人最好成绩/强度×100%。例如，运动员600米的最好成绩为1′30″，其85%强度要求为1′30″/85%＝1′45″9。全程跑要有强度要求，不同段落也要有强度要求。

②比赛速度要求法：按预计的比赛成绩求出每100米的平均成绩，将成绩乘以所跑段落的百米数，得出的时间就是该段的比赛速度强度。例如，预计1500米比赛成绩为4′，训练时以比赛速度跑800米的强度为：(4′/15)×7＝16″×7＝1′52″。

③自然强度要求法：指对技术和体力提出要求，在数值上没有具体强度要求的训练法。此法一般在训练阶段转换期（如冬训转春训），为适应气候、环境变化或其他特殊情况时采用。

专项耐力训练在竞赛前期和竞赛期中的比重较大。

（五）身体训练

循环训练是中长跑运动员有效的身体素质训练方法，它不仅能发展身体各部位肌肉、改善提高内脏器官功能，还能将一般身体训练和专项身体训练混搭组合进行训练。身体循环训练的练习量应根据不同个体的具体情况而定，一般为2～5组，间隙为2～5分钟，此类练习难度和强度均较大，要求充分发挥运动员耐力、力量、速度、柔韧等素质。循环训练内容举例如下。

(1) 行进间向前屈腿，腿尽量向上抬，腿放下时重心前移。另一腿做相同动作。

(2) 行进间高抬腿。

(3) 俯卧撑推起，在最高点拍手。

(4) 前后屈体。

(5) 从俯卧撑（双手撑地）转为下蹲，双腿向上跃起，抬至胸高，落下。返回基本姿势。

(6) 重复动作。

(7) 原地跳跃，双腿抬至胸高。

(8) 单足跨跳障碍（高度与小腿同高）。

(9) 仰卧，两腿伸直撑墙固定，两手持2～5千克实心球，坐起，对墙掷球并接球。

（10）卧姿，上体伸展至极限，双手持实心球做上下摆动。
（11）深跳（60～80厘米高处跳下再跳起）。
（12）对墙站立，双手从头后把实心球迅速掷向墙，再接球。
（13）3步跨栏（5～6栏）。
（14）曲线跳跃障碍（高度与小腿同高）。
（15）双臂伸直，持实心球转体。
（16）双腿连续跳栏（10～15个栏）。

（六）战术训练

中长跑的战术非常重要，在旗鼓相当的情况下，正确的战术实施是取胜的关键。合理分配体力和速度是取得理想成绩的主要战术，耐力好的运动员常用领先跑的战术，速度好的多采用跟随跑的战术；如要摆脱对手，可以使用变速跑。但不管采用什么战术，比赛时一定要保持头脑清醒，根据比赛实况随时掌握主动权，善于控制自己，在比赛中能根据个人能力和对手的具体情况灵活运用和调整战术。训练战术最好的方法是多参加测验和比赛，利用实战检验战术的可行性，通过实践总结出一套适合自己的临场战术。

（七）心理训练

中长跑运动员的心理训练内容应该根据专项特点、运动员个人特点和比赛条件等来确定。从参加训练与比赛的目的、意义等进行切入与剖析，帮助运动员解除思想和心理上的畏难、紧张情绪，提高敢想、敢拼、敢搏的自强心，树立顽强的自信心。中长跑的心理训练可分为一般心理训练和比赛心理训练：

1. 一般心理训练
促进专项技术与完善技术、战术及心理品质的心理训练。
2. 比赛心理训练
赛前、赛中心理训练及赛后分析总结。
中长跑的心理训练包括信心鼓励法、形势分析法、自我激励法、放松调节法、呼吸调节法、暗示调节法、模拟训练法、自我控制法等。运动心理是一门复杂的、专业性很强的学科，中长跑运动员进行心理训练和辅导时，寻求专业人士的帮助会有事半功倍的效果。

（八）恢复训练

没有恢复就没有训练，恢复训练在现代中长跑训练体系中地位显著。恢复训练的具体内容、方法和手段如下：引入运动训练科研监督，根据监测数据科学地调整运动负荷；训练或比赛后，对机体做充分的放松整理活动；加强医务监督和自我医务监督，及时发现以避免伤病发生；加强自我生活管理，积极自主的休息方式能帮助机体尽快恢复。

（九）高原训练

高水平的中长跑运动员均重视高原训练。在高海拔地区进行训练，由于氧气稀薄，可促进血红蛋白携氧能力，以及有氧呼吸的效率和机体抗乳酸能力。高原训练结束后，到海拔较低的地区比赛，能取得相对较好的成绩。

1. **高原训练的海拔高度**

海拔高度是影响高原训练效果的重要因素之一。年轻和初上高原训练的运动员在海拔600～1200米高度进行训练效果较好；而海拔1800～2400米是高原训练的适宜高度。

2. **高原训练的持续时间**

高原训练的目的有两个：①用以恢复运动员身体机能的，一般持续时间为8～10天；②用以提高运动员的速度力量素质和专项水平的，一般持续时间为21～25天。进入高原的前4～6天是气候适应阶段，这一时期的训练负荷量及强度均不宜过大，度过适应期后再转入有氧阶段的训练。

3. **高原训练的强度安排**

高原缺氧会引起人体生理机能发生变化，其训练安排与平原地区不一样。一般可把高原训练分为三个阶段：一阶段（4～6天），每天安排2～3次30分钟慢跑、体操、游泳或散步；第二阶段（12～14天），前半段安排提高有氧耐力，后半段根据运动员身体状况安排2～3个无氧训练单元；第三阶段（2～4天），为运动员顺利向平原训练过渡做准备，须降低有氧训练量，适宜进行一些负荷量较小的速度训练。

思考与作业题

1. 解说径赛项目中哪些项目属于中长跑以及中长跑的技术要点。
2. 解说和示范中长跑的起跑和起跑后加速跑。
3. 中长跑耐力训练有哪些种类？发展耐力训练的手段有哪些？
4. 身体素质训练中的"循环训练"指的是什么？列举几个练习手段。到田径场上，做一做这些练习，并解说这些练习的要领与作用。

项目六 跨栏跑

> 【学习指导】跨栏跑是一项在栏高、栏距、栏间步限制下,依靠提高过栏速度和栏间跑速度来加快全程跑的径赛项目。跨栏跑的专项技术强、动作复杂,对运动员的速度、力量、柔韧性、灵敏性和协调性以及节奏感等素质能力要求很高,因此,从事此运动项目的运动员的先天条件是选拔时需要考虑的重要因素之一。正式比赛项目有男子110米栏,女子100米栏,男子400米栏和女子400米栏4个项目,各项目的设置参数见表6-1。

表6-1 跨栏跑各项目的设置参数

比赛项目	栏高	栏间距	起跑至第一栏距离	第十栏至终点距离	起跑至第一栏步数	栏间跑步数
男子110米栏	106.7厘米	9.14米	13.72米	14.02米	8步或7步	3步
男子400米栏	91.4厘米	35米	45米	40米	22~24步	13~15步
女子100米栏	84厘米	8.5米	13米	10.5米	8步或7步	3步
女子400米栏	76.2厘米	35米	45米	40米	23~25步	15~17步

跨栏跑项目有技术教学与训练两方面,技术教学主要掌握合理的专项技术,使技术的完整性贯穿于专项全程。而专项训练则包括专项技术训练、速度训练、耐力训练、身体训练、心理训练等内容。

任务一 跨栏跑技术

现代优秀跨栏运动员以提高周期动作速度和跑动速度为专项核心;跨栏步简捷化衔接栏间跑构成"跑栏"技术;建立个人全程跑、跨节奏等专项技术来体现能力和水平的全面提高。随着时代的变迁,跨栏跑专项技术在科技的帮助下得以不断地改进与完善,从开初的跳栏到跨栏,再到现今的跑栏,朝着更高更快的发展方向前进。跨栏跑由起跑至第一栏、过栏、栏间跑和全程跑等专项技术构成,每个技术环节能平稳衔接、流畅,是完成全跑程并取得良好成绩的基础。

一、直道栏技术

(一) 起跑至第一栏技术

起跑至第一栏的任务是快速起动,积极加速,为迅速准确地跨过第一栏做好准备。此技术动作发挥得好坏直接影响全程跑的完成质量。

大多数运动员起跑至第一栏跑8步,将起跨腿放在前起跑器上。有些高水平运动员能跑7步跨过第一栏,这时将摆动腿放在前起跑器上。起跑器安装和起跑后的加速技术与短跑相似,只是做预备姿势时臀部稍抬高2~3厘米。

起跑后应有力蹬摆,积极加速。大约在第6步时身体姿势已接近短跑途中跑的姿势。

起跑后要求步数固定,步长稳定,栏前最后1步起跨腿快速扒地,比前1步缩小10~20厘米,准确踏上起跨点。

(二) 过栏技术

过栏技术即跨栏步,是指起跨脚踏上起跨点,到过栏后摆动腿脚掌接触地面时为止的一大步。这是一个由起跨攻栏、腾空过栏、下栏着地构成的紧密相连的技术动作。

1. 起跨攻栏

起跨攻栏是指从起跨脚踏上起跨点到后蹬结束离地为止的准备过栏动作。起跨时要有适宜的起跨距离。优秀运动员的起跨距离是2.1~2.2米,这样有利于充分、快速地向栏进攻。起跨时要有较高的身体重心位置,减少身体重心的波动差,保证身体重心的平稳并获得最大的水平分力。同时,起跨腿落地时应积极向下、向后做扒地动作,减少着地时产生的制动力。此时,膝、踝关节迅速微屈缓冲,腰部正直。起跨腿蹬离地面时,身体重心积极前移。

优秀运动员在结束起跨时身体重心投影点距支撑点达到50厘米,起跨角度为68°~70°。身体重心移过支撑点后,脚跟提起,躯干加速前倾,在摆动腿屈膝、折叠的积极向前配合下完成攻栏,形成合理有效的攻栏姿势。摆动腿应高摆攻栏,加大两腿夹角。在起跨腿着地时,摆动腿应以髋为轴,膝向下,足跟紧靠臀部,大腿带动小腿,积极快速向前上方摆动。两臂配合下肢做前后摆动并保持身体平衡。摆动腿异侧臂前伸,加大躯干前倾,有利于过栏动作的向前性。(如图6-1①—③所示)

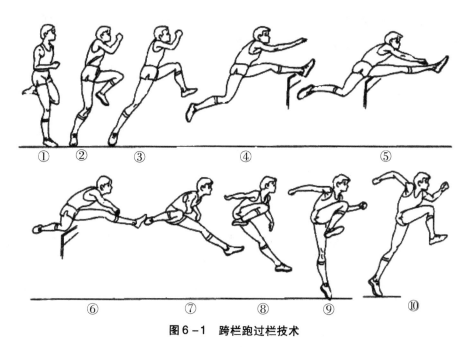

图 6-1 跨栏跑过栏技术

2. 腾空过栏

腾空过栏是指起跨腿蹬离地面，身体进入无支撑阶段时起，到摆动腿过栏后着地时为止的动作。腾空过栏时，身体重心沿着起跨时形成的抛物线轨迹向前运动。此时，加快摆动腿、起跨腿以及身体各环节的相向运动，改变身体各环节的相对位置，获得积极快速的落地支撑。

起跨结束时，摆动腿应继续向前上方高抬，当膝关节超过栏板高度时，小腿快速前摆。摆动腿异侧臂一起配合伸向栏板上方，与摆动腿基本平行，目视前方。（如图 6-1④所示）

合理的腾空过栏，躯干应积极前倾（如图 6-1⑤所示），这样有利于增大两腿间的夹角和起跨腿完成提拉动作；有利于加快两腿剪绞的速度和保持起跨时所获得的水平分力；有利于降低垂直速度，使身体重心腾起高度控制在 15 厘米之内。

3. 下栏着地

下栏着地是指从身体重心达到腾空最高点到摆动脚着地支撑时为止的动作。其任务是尽量减少水平速度的损失，快速进入栏间跑。

下栏着地要有很强的下栏意识。在摆动腿下压时，起跨腿应屈膝外展、收紧小腿、勾起脚尖，以膝领先，经由腋下向前提拉。摆动腿要积极下压，这样能加快起跨腿向前的提拉和身体重心前移的速度。（如图 6-1⑥—⑧所示）。

过栏时，两腿剪绞动作是在两臂和躯干配合下进行的，摆动腿异侧臂和经由腋下向前提拉的起跨腿做相向运动。下栏支撑时，膝、踝关节伸直，保持较高的身体姿势，为转入栏间跑创造条件，下栏点距栏架应为 1.4～1.5 米（如图 6-1⑨所示）。下栏点与身体重心投影点要近，优秀运动员在 15 厘米左右。

（三）栏间跑技术

栏间跑技术基本与短跑相似，但强调高重心、高抬腿、快频率。栏间跑应用前脚掌着地，跑得轻松富有弹性、直线性好。由于栏间距离和步数固定，步长稳定，因此，提高栏间跑速度主要是加快跑的频率和跑的节奏。

（四）全程跑技术

全程跑技术即平跑和跨栏步紧密结合的技术。从起跑加速跑开始，到第二至第四栏达最高速度，然后尽力保持高速完成后半程的跑跨，一般第九栏进入冲刺跑阶段，下第十栏后，要借助加快两臂和两腿摆动，加大躯干前倾角度，全力冲向终点。

节奏对全程跑的好坏起着重要作用，为获得合理节奏，应根据个体特征，平衡个人跑的速度和过栏技术，使全程跑的节奏清晰和稳定。

二、400 米栏技术

男子、女子 400 米栏的栏距相同，栏高不同，由于全程跑的距离较长，对速度、节奏、步长和速度耐力等的要求均较高。

（一）起跑至第一栏技术

起跑至第一栏 45 米，男子跑 22～24 步，女子跑 23～25 步。起跑器的安装须根据起跑至第一栏的步数来决定，若跑的步数为双数，摆动腿应放在前起跑器上，单数则相反。起跑后加速跑的速度应和全程跑的速度相适应，要求均匀地加速，这对节奏的稳定和起跨点的准确性有利。

（二）过栏技术

400 米栏的过栏技术要求基本与直道栏相同，但因为 400 米栏总距离和栏间跑距离长，体力分配要恰当，以保证过栏安全与顺利。

（三）栏间跑技术

400 米栏间跑分直道跑和弯道跑两种，栏间距离为 35 米，由于全程跑距离较长，其步数、步长和节奏非常重要，特别是后半程因机体疲劳、体力下降造成步长缩短、速度减慢，需改变栏间跑步数和节奏时，更应以安全过栏为目的，保证顺利过好每一栏。栏间跑的步数为以下几种：单数步——男子13～15步、女子15～17步，全程跑中始终用同一起跨腿过栏；双数步——男子14步、女子16步，全程跑中两腿轮流起跨过栏；混合步——单数步和双数步混合跑。过栏后身体要尽快恢复平跑姿势，迅速迈出栏间第1步，期间保持跑速的均匀，节奏清晰，向前效果好是良好栏间跑技术必备的要素。总之，栏间跑的步数和节奏须根据个人训练水平决定，不应盲目模仿，临场比赛时更不可随意改变。

（四）全程跑技术

在保证栏间节奏和安全过栏的前提下，全程使用相对匀速跑是400米栏运动员通常采用的全程跑技术，后半程成绩慢于前半程成绩一般不超过2～3秒。前半程过快或过慢均会影响全程跑成绩。因此，全程跑如何合理分配体力，须根据个人专项水平拟定，在平时训练中实践、调整，找到适合自己的节奏，并加以巩固和提高，使其达到技术动力定型，在比赛中不易受外因影响而变形，才能创造良好成绩。

跨越第十栏后，进入冲刺阶段，此时，除加强摆臂和后蹬动作外，训练中进行的大量速度耐力训练是运动员在疲劳的情况下仍能以强且有力的速度全力冲向终点的保证。

任务二　跨栏跑教学

跨栏跑是一项技术动作比较复杂的周期性运动，对学习者的速度、力量、柔韧性、耐力、协调性和节奏感等素质要求较高。跨栏跑教学分为直道栏教学和弯道栏教学，一般以直道栏教学为先，弯道栏教学为后。

一、跨栏跑（直道栏）专项技术教学步骤与方法

（一）了解专项知识，建立正确的专项技术概念

（1）用PPT等多媒体教具与手段展示图片、教学录像、训练和比赛录像，介绍讲解跨栏跑的一般知识和相关概念，让学生直观地了解和学习跨栏跑的技术特点、要求、方法和要领，使学习者对跨栏跑的诸多要素有较全面的认识。

（2）介绍中外跨栏跑名将案例，让学习者打消对跨栏跑（连续跨越障碍）的害怕心理，消除畏难情绪，引导他们通过克服困难，勇于跨越障碍而获得成功感，在情感上领略运动能愉悦身心和锻炼毅力的道理和作用。

（二）学习跨栏步技术

1. 教学重点

髋关节的柔韧性对做好跨栏步动作很关键。压开韧带，打开髋关节。

2. 教学步骤与方法

（1）用 PPT 等多媒体教具与手段展示图片、教学录像、训练和比赛录像，边讲解边让学生直观地了解和学习跨栏步的技术特点、要求、方法和要领。

（2）原地跨栏步模拟练习。原地坐下，摆放正确的静态跨栏步姿势（以摆动腿是左腿为例）。上体正直，摆动腿和起跨腿均勾脚尖；两臂弯曲以肩为轴，在躯干两侧做自然的前后摆臂动作；上体向前下压，右手臂顺势向前探出，做攻栏动作。要求跨栏步姿势正确，攻栏腰髋发力带动上体下压。

（3）徒手摆动腿练习。面向靠墙栏架，距 3～4 步站立，配合摆臂踮脚走 3 步后，摆动腿屈膝高抬大腿，膝过栏板时迅速前伸小腿，上体前倾做攻栏动作，同时前脚掌踩向墙壁。要求动作熟练后速度要加快，动作须协调自然。

（4）徒手起跨腿练习。双手扶肋木，上体前倾，双脚提踵距肋木 80～100 厘米处站立，做起跨腿提拉练习，要求展髋抬膝勾脚尖，经由体侧提拉向身体正前方落下，上体尽量不动，以髋关节为轴带动下肢完成提拉、下落动作。

（5）原地跨栏步练习。起跨腿位于栏侧，摆动腿高抬前摆后下压扒地，同时起跨腿蹬离地面，抬膝外展，从栏架上经由体侧提拉向体前落下。要求两腿呈前脚掌支撑站立。

（6）走步或慢跑摆动腿练习。在摆动腿靠近栏架一侧走步或慢跑至栏架侧后方一米左右起跨，大腿屈膝高抬同时伸小腿经栏板上方，向栏后积极下压，着地用前脚掌支撑。可连续过 5～7 栏，栏距 6～7 米。要求摆动腿下压前重心及时前移，着地后脚掌撑稳，衔接用力后蹬动作。（如图 6-2 所示）

图 6-2　跨栏步练习

（7）走步或慢跑跨栏步练习。在起跨腿靠近栏架一侧走步或慢跑至栏架侧后方一米左右起跨，抬膝外展，从栏架上经由体侧提拉向体前落下。连续跨越5～7栏，栏距6～7米。要求起跨腿着地后重心及时前移，栏间用前脚掌走或慢跑，做出上体向前下压攻栏的动作。

（8）采用3步或5步一跨边栏练习。在跑动中完成跨栏跑完整技术的边栏练习，3步一跨或5步一跨连续跨越5～7栏，栏距根据学习者的临场情况而定。要求跨栏步协调、流畅地完成，栏间跑要有明显的节奏感。

（三）学习站立式起跑跨越第一栏技术

1．教学重点

起跑8步跑要稳定；成组起跑跨越第一栏时，跑的节奏不受别人影响。

2．教学步骤与方法

（1）用PPT等多媒体教具与手段展示图片、教学录像、训练和比赛录像，边讲解边让学生直观地了解和学习站立式起跑跨越第一栏的技术特点、要求、方法和要领。

（2）在第一栏处画一横线替代栏架，站立式起跑8步，让学习者体会8步离栏架距离，在练习中调整8步的适合距离。要求使用正确的技术跑进：步幅逐渐加大，蹬摆有力，第六步后抬起上体准备起跨。

（3）在第一栏处放置一低矮栏架，站立式起跑8步，让学习者体会8步跨越低障碍物的感受。要求使用（1）的起跑技术，跨栏步尽力做到协调、流畅。

（4）站立式起跑跨越第一栏：要求起跑8步步距稳定，跑、跨衔接顺利，下栏着地前脚掌撑地有力。

（四）学习过栏和栏间跑衔接技术

1．教学重点

起跑8步跑要稳定；下栏后重心迅速前移跟上，顺利进入下一个跑、跨技术周期。

2．教学步骤与方法

（1）用PPT等多媒体教具与手段展示图片、教学录像、训练和比赛录像，边讲解边让学生直观地了解和学习过栏和栏间跑衔接的技术特点、要求、方法和要领。

（2）站立式起跑反复跨越3栏、5栏。栏高采用男91.4厘米、女76.2厘米；栏距采用男8.5～9米、女7.8～8米，栏间跑3步。

（3）栏高男女均同前，栏距延长至男8.7～9米、女7.9～8.2米，栏间跑3

步。站立式起跑反复跨越3栏、5栏。要求步长、步频相应加长和提高,跨栏步要更加协调、流畅地完成,栏间跑节奏感要强。

(4) 根据学习者对专项技术掌握的熟练程度,跨越栏的数量、栏高、栏距尽可能逐渐接近标准,直至学习者能较好地完成全程跑。

(5) 注意安全,不能逆向跨越栏架。

(五) 学习蹲踞式起跑跨越第一栏

1. 教学重点

充分利用起跑器的助力,使起跑8步跑迅速且稳定地获得相应速度跨越第一栏。

2. 教学步骤与方法

(1) 用PPT等多媒体教具与手段展示图片、教学录像、训练和比赛录像,边讲解边让学生直观地了解和学习蹲踞式起跑跨越第一栏的技术特点、要求、方法和要领。

(2) 熟练掌握适合个人的"预备"姿势,以使全程跑有一个好的开始。

(3) 安装起跑器,降低栏高,起跑8步后跨越第一栏,从跨栏步完成的情况去体会和确认第8步落地点是否合适,不合适须调整。

(4) 蹲踞式起跑反复跨越1～5栏,熟练掌握技术并使其动力定型。

(5) 听发令枪小组蹲踞式起跑跨越5～10栏。

(6) 全程跑计时测验。

二、跨栏跑(弯道栏)专项技术教学步骤与方法

(一) 了解专项知识,建立正确的专项技术概念

(1) 用PPT等多媒体教具与手段展示图片、教学录像、训练和比赛录像,介绍讲解弯道栏的一般知识和相关概念,让学生直观地了解和学习弯道栏的技术特点、要求、方法和要领,使学习者对弯道栏的诸多要素有较全面的认识。

(2) 介绍中外跨栏跑名将案例,让学习者打消对跨栏跑(连续跨越障碍)的害怕心理,消除畏难情绪,引导他们通过克服困难,勇于跨越障碍而获得成功感,在情感上领略运动能愉悦身心和锻炼毅力的道理和作用。

(二) 学习起跑至第一栏的加速跑技术

400米栏起跑用蹲踞式,与400米起跑相同,起跑后加速跑则需要准确的节奏来完成预设的步数,以便顺利平稳地跨越第一栏。起跑至第一栏的距离男女均为45

米,一般男子跑22～24步,女子跑23～25步。也可根据学习者的不同年龄段来设定适合个人特点的步数,但如果步数过多,则会影响全程跑成绩。

(三)学习弯道跨栏步技术

(1)弯道跨栏步技术是弯道栏教学重点内容之一。跑弯道栏一般以左腿为摆动腿,右腿为起跨腿,这样不但可少跑距离,还可避免犯规,右前脚掌内侧踏上起跨点的用力方向是左前方蹬出。左腿前摆时膝部稍外展,左肩低于右肩,右臂向左前伸,以维持身体平衡。摆动腿下栏时前脚掌外侧先着地,起跨腿脚掌内侧先着地。

(2)400米栏是一项速度耐力运动,实践中不少学习者因训练水平或体能等问题,在后半程栏间跑因体力下降,须增加两步,造成步频加快而消耗更多身体能量,同时打破原步长和步频的节奏模式,对跨越栏架的稳定性和顺利性造成一定的影响。因此,学习者可根据个人实际条件,学会左右腿轮换做摆动腿和起跨腿的过栏技术,并在训练中强化成适合个人的定型技术,在实战中把不利成绩的损失降低。

(3)注意安全,不能逆向跨越栏架。

任务三 跨栏跑训练的内容与方法

一、直道栏专项训练内容与方法

跨栏跑的专项技术性很强,对速度、力量、柔韧性、耐力、灵敏性和协调性等方面的素质要求很高。优秀专项运动员的培养,要从少年阶段抓起,选拔有天赋的青少年,根据他们生长发育敏感期进行有针对性的训练,奠定坚实、规范的基础,如此则训练效果可事半功倍。直道栏的专项技术训练包括跨栏步技术、起跑至第一栏技术和栏间跑技术等训练。

(一)专项技术训练

(1)各种原地、行进间、慢跑中进行的摆动腿、起跨腿的徒手模仿训练。
(2)慢跑中完成摆动腿和起跨腿的边栏训练。
(3)3步、5步节奏跨越标志物训练。
(4)站立式和蹲踞式起跑跨越第一栏。
(5)站立式和蹲踞式起跑跨越第1～5栏。
(6)变换节奏过栏训练:起跑8步→3步栏→3步栏→5步栏→5步栏→3步栏→3步栏。

(7) 站立式或蹲踞式起跑跨越第6～10栏。

(8) 蹲踞式起跑全程栏训练。

(9) 参加相关的年龄组比赛。

(二) 身体训练

1. 速度训练

各种跑的专门练习（小步跑、高抬腿、后蹬跑、高抬腿跑等），直道栏运动员进行30～150米、弯道栏运动员进行30～500米的加速跑、折返跑、变速跑、反复跑、间隙跑、斜坡上下坡跑等。

2. 提高过栏速度训练

边栏和栏中1步过栏，跨越6～10栏；栏间距男子为4.10～4.5米，女子为3.5～3.9米。

变换难度的跨栏训练，如上坡跨栏、下坡跨栏；先加长栏间距，后缩短栏间距训练。

3. 力量和专项力量训练

克服自身体重的力量训练，如徒手核心力量训练等；各种自由力量器械、组合器械，如杠铃、壶铃、力量组合练习器等；不同形式、距离的跳跃，如立定跳、跨步跳、台阶跳、深跳、单足跳等；抗阻力训练，如拉弹力带、等动器械练习等。

4. 耐力训练

重复跑，如150米、200米、500米；障碍跑，如80米跑+100米跨栏跑（栏架不限）；100米或110米跨栏跑+2分钟恢复+120米或150米跑；不同距离越野障碍跑、各种大球活动，如足球、篮球等。

5. 柔韧性训练

结合专项特点的柔韧性练习，如跨栏坐、盘腿屈压、跨栏坐侧压与后倒体、正劈叉与侧劈叉、各种压腿等；结合力量训练的柔韧性练习，如腿部负重踢腿与摆腿、弓箭步交换跳（负重）、实心球前抛弓箭步等。

6. 灵敏性与协调性训练

变向折返跑、变换方向的追逐性游戏、借鉴篮球和足球的灵敏训练方法等。

二、弯道栏专项训练内容与方法

400米栏的专项技术训练包括跨栏技术、起跑至第一栏技术和栏间跑技术等训练。

(一) 专项技术训练

(1) 直道栏和弯道栏的专项技术同出一辙，但直道栏对技术动作的要求更高，

项目六　跨栏跑

因此，直道栏专项技术水平的提高，对 400 米栏过栏技术会起到很好的促进作用。要提高 400 米栏过栏专项技术可采用直道栏过栏的专项技术训练方法。

（2）弯道过栏应尽量以左腿为摆动腿跨越栏架，使运动员靠近跑道内侧跑进，缩短总跑距，避免起跨腿绕栏造成犯规动作出现，并避免人体奔跑于弯道时出现离心力而影响过栏速度。

（3）使用双腿轮换作为起跨腿的过栏法时，应在日常训练中进行习惯性训练，使其熟练并成技术定型，避免比赛时才临场改变节奏过栏，影响成绩。

（4）起跑至第一栏技术训练。①弯道站立式和蹲踞式起跑训练；②在起跑至第一栏之间跑标志物训练；③站立式和蹲踞式起跑至第一栏训练。

（5）栏间跑技术训练。①缩短栏间距离进行节奏跑训练；②站立式和蹲踞式起跑至第 1～3 栏训练，注重跑、跨衔接和栏间跑节奏；③蹲踞式起跑至半程栏训练，注重跑、跨衔接和栏间跑节奏；④蹲踞式起跑全程跑训练和测验。

（二）身体训练

由 400 米栏运动的供能特点可知，侧重发展速度耐力、力量耐力、速度等素质对取得理想成绩起着主要作用。

1. 速度耐力素质

（1）反复跨栏跑，如 10～12 栏，5～6 次，每次间隙 6～10 分钟。

（2）变速跨栏跑，如 6～10 栏，3～4 次，每次慢跑回起点，栏高与栏距根据运动员实际情况设置。

（3）穿梭跨栏跑，如在两条跑道上迎面各摆放 6～8 栏架，跨完一道栏后，立刻跨旁边返回道上的栏，5～6 次，每次间隙时间根据运动员训练水平设定。

（4）跨栏与平跑交替训练，如 200 米平跑 + 250 米跨栏（7 个栏）= 500 米跨第四至第十栏；200 米平跑 + 300 米跨栏（8 个栏）= 500 米跨第三至第十栏。

2. 力量耐力素质

（1）负自身体重 50% 的重量深蹲，如每组 10～15 次，4～5 组，下蹲速度平均 1 次/每秒。

（2）原地弓步跳，如每组 40～60 次，4～6 组。心率恢复至 110～120 次/分后继续下一组练习。

（3）单足跳或跨步跳，如 30～100 米，计时并计算步数，时间和步数越少，水平越高。

3. 速度素质

（1）上坡跑（2°～3°坡），如 60 米 ×6 次，2～3 组，每次间隙 1～1.5 分钟，组间间隙 5 分钟；下坡跑，80 米 ×6 次，2 组，每次间隙 1～1.5 分钟，组间间隙

5分钟。强度均为80～90%。

(2) 间隙跑：60米2～6次，4组，每次间隙1～1.5分钟，组间间隙6～8分钟。强度80～90%。

(3) 重复跑：80米4次，2～3组，每次间隙3～5分钟，组间间隙8～10分钟。强度80～90%。

三、心理训练

(1) 通过多练，纠正错误技术动作，降低打栏摔倒概率，消除"恐栏症"和"畏难病"；栏高与栏距均在循序渐进中升高、加长，树立信心，激发运动员的成就感和自豪感。

(2) 日常训练中模拟实战节奏，对运动员提出严格要求，培养顽强的训练作风。

(3) 通过不同难度和环境的训练、比赛，提高运动员的心理自我调节能力和控制力。

(4) 通过赛前分析、赛后总结，使运动员对自身专项水平和对手水平有确切的了解，做到知己知彼，百战不殆。

(5) 运动心理是一门复杂的、专业性很强的学科，对运动员进行心理训练和辅导时，寻求专业人士的帮助会有事半功倍的效果。

思考与作业题

1. 解说跨栏跑各技术要点。
2. 解说和示范摆动腿和起跨腿的技术动作。
3. 哪些训练手段能提高过栏速度？
4. 直道栏中的身体训练包括哪些内容？列举几个练习手段。到田径场上，做一做这些练习，并解说这些练习的要领与作用。

项目七　跳高

项目七　跳　高

> **【学习指导】** 跳高是将助跑获得的水平速度通过起跳动作转换成垂直速度，以获得最大垂直高度并越过横杆的一种田赛项目。跳高的完整技术由助跑、起跳、过杆和落地等部分组成，其中，助跑与起跳的衔接是跳高技术的核心技术。现代跳高技术越来越重视水平助跑速度及水平速度向垂直速度的转换；同时，为了适应高速起跳对肌肉的要求，现代跳高体能训练高度重视高速肌肉离心和向心训练，快速的离心和向心能力是高速助跑和向起跳转换的关键环节。
>
> 　　跳高的教学首先应从弧形助跑和起跳的衔接技术着手，重点抓好弧形跑与起跳腿扒地、退让和蹬摆结合的技术环节。助跑起跳衔接技术、过杆技术的教学一般采用分解教学与完整教学相结合的方法，在完整教学中要突出重点。
>
> 　　现代跳高训练由技术训练、体能训练和心理训练三方面组成。少年儿童时期进行跳高训练时，首先应抓好基本技术结构和动作节奏的训练，重视身体动作的协调和蹬摆结合的效果，并注重全面身体训练，同时应考虑到少年儿童在7～13岁年龄阶段处在速度素质的快速增长期，抓好此阶段的动作频率、单个动作速度及反应速度训练有助于水平移动速度和起跳速度的发展。

任务一　跳高技术

　　跳高是运动员克服垂直高度的跳跃项目，完整的跳高技术由助跑、起跳、过杆和落地等部分组成，它们是相互联系和相互作用的统一整体。历史上有过跨越式、剪式、滚式、俯卧式和背越式5种跳高技术。目前，运动员都采用背越式跳高技术。

一、背越式跳高技术

（一）助跑

　　助跑的任务是使人体获得向前运动的水平速度，获得合理的身体内倾姿势，为快速有力地起跳创造条件。

背越式跳高采用弧线助跑,用摆动腿一侧靠近横杆。整个助跑可分为前后两段。前段跑直线,一般为4~5步,跑法接近于短跑途中跑,跑进时身体重心平稳,上体适度前倾,后蹬有力,摆动积极,逐渐加速;后段跑弧线,一般为4~5步,跑时蹬地积极有力,着地时,小腿伸得不远,用前脚掌着地,双臂前后摆动,外侧肩高于内侧肩。随着助跑速度的加快,身体逐渐加大向内倾斜的角度,倒数第2步时步长最大,身体内倾程度也最大。(如图7-1所示)

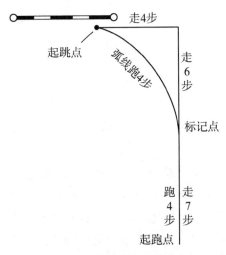

图7-1 背越式跳高的助跑

为了获得更快的位移速度和有利于爆发力发挥的高频神经冲动,跳高助跑的整体节奏从慢到快到最快,在高节奏中完成快速起跳,所以背越式跳高助跑的节奏训练是助跑技术学习的一项重要内容。

助跑倒数第2步是助跑过渡到起跳的衔接部分,由于身体内倾,这1步过渡到起跳时自然地降低了身体重心(如图7-2①所示),这为减少助跑速度的损失、增加起跳时的工作距离、加快起跳速度创造了有利条件。助跑倒数第2步,摆动腿用前脚掌或全脚掌着地,控制小腿前抛的惯性运动,使得第2步结束时摆动腿的着地点靠近身体重心投影点,当摆动腿运动到垂直支撑位置时,身体保持良好的内倾姿势,快速、连贯地向起跳过渡。

背越式跳高采用起动后积极加速的助跑节奏,后几步助跑的步长比较均匀,倒数第2步比最后1步步长稍大,最后1步速度高、节奏最快。

(二)起跳

起跳是跳高技术的关键环节。起跳任务是在快速水平移动中迅速改变人体运动方向,从已获得的水平速度中尽可能获得最大的垂直速度和合理的起跳角度,并为顺利过杆创造有利的条件。

图 7-2 背越式跳高技术

起跳从助跑倒数第 2 步摆动腿支撑垂直部位开始，当身体重心移过摆动腿垂直部位时，摆动腿积极后蹬，推动身体迅速前移，并使起跳一侧的髋部超越摆动腿一侧的髋，而肩几乎与横杆垂直，形成肩轴与髋轴形成交叉扭紧的状态，同时起跳腿快速前移，以髋关节带动小腿积极、迅速地踏向起跳点，用起跳脚外侧和跟部着地，然后滚动到全脚掌，脚尖朝向助跑弧线的切线方向（如图 7-2①—③所示），随着身体由内倾转为垂直，在摆腿、摆臂和伸展躯干的协调配合下，起跳腿快速、有力地完成缓冲和蹬伸动作，使身体迅速向上腾起（如图 7-2④—⑥所示）。

背越式跳高的摆臂方法有两种：一种是交叉单臂摆动法。当起跳腿踏向起跳点时，双臂自然地前后摆动，随着摆动腿的摆动，起跳腿同侧臂由后向前上方积极上摆，摆动腿同侧臂顺势迅速上举。另一种是交叉双臂摆动法。在起跳腿起跳时，随着起跳腿的前伸，同侧臂交叉后引，而摆动腿一侧臂自然地留在体侧，当起跳腿同侧臂曲肘前摆时，双臂同时向上方摆起，带动躯干伸展，起跳结束时，摆动腿一侧臂略高于起跳腿一侧臂。

（三）过杆和落地

过杆和落地的任务是充分利用身体腾起高度尽快地使身体越过横杆，以保证身体安全着地。

起跳离地后，身体保持起跳结束时的垂直姿势攻向横杆（如图7-2⑦所示），这样有利于减小身体沿横轴旋转的速度并获得更高的腾空高度。由于是弧线进入起跳，当踏上起跳点时肩轴和髋轴明显交叉，即肩轴基本上与横杆投影面垂直，髋轴的摆动腿一侧在起跳腿的后面，这样拉长了大腿屈肌群，为快速有力地摆腿创造了有利的条件，并且这种扭紧的身体姿势为起跳时身体沿纵轴旋轴提供了动力，再加上起跳时摆动腿带出同侧髋，使身体很自然地转向背对横杆。

当头和肩沿身体重心抛物线轨迹依次上升到达顶点后，又顺势沿抛物线轨迹向后下运动（如图7-2⑧—⑨所示）。当髋上升到杆上时，头和肩与两腿各自向后完成相向动作，使髋在杆上积极挺出，形成背弓姿势（如图7-2⑩所示），同时，两小腿稍微分开，自然放松。这种背弓姿势，使过杆时身体重心更加接近横杆，同时加快了身体沿横轴旋转的半径，为下肢更快地向上向后越过横杆创造了有利的条件。

在身体重心越过横杆后，上体稍向前屈，头部稍向前收，并与双腿向上摆起形成相向运动，使整个身体尽快离开横杆，以保证肩背着地，安全地落入海绵垫（如图7-2⑪—⑫所示）。

二、跨越式跳高技术

跨越式跳高技术虽然在高水平运动员中已基本淘汰，但其动作符合人跑跳的基本原理，技术简单，容易掌握，对场地条件要求不高，所以是广大少年儿童发展跳跃能力、起跳协同能力，培养勇敢顽强精神的有效锻炼手段，也是深受青少年喜爱的一项运动。

跨越式跳高用摆动腿一侧靠近横杆，从侧面沿直线助跑。助跑步数一般为6~8步，助跑角度为35°~45°。

助跑采用自然跑进的方法，节奏逐步加快，起跳前不明显降低身体重心，最后一步依靠起跳腿和摆动腿积极有力的配合，顺利完成由身体水平移动速度向垂直速度的转化，顺势完成起跳动作。起跳时上体要保持正直，双臂充分向上摆起（如图7-3①—③所示）。当摆动腿摆过横杆时，做内旋下压动作，同时起跳腿稍向外旋，并快速向上抬起。此时除两腿做一上一下的补偿之外，起跳腿同侧臂向下、向后摆动，带动上体适度前倾并稍向横杆方向侧倒和扭转，帮助起跳腿向上绕过横杆，然后用摆动腿落地（如图7-3④—⑨所示）。

项目七 跳高

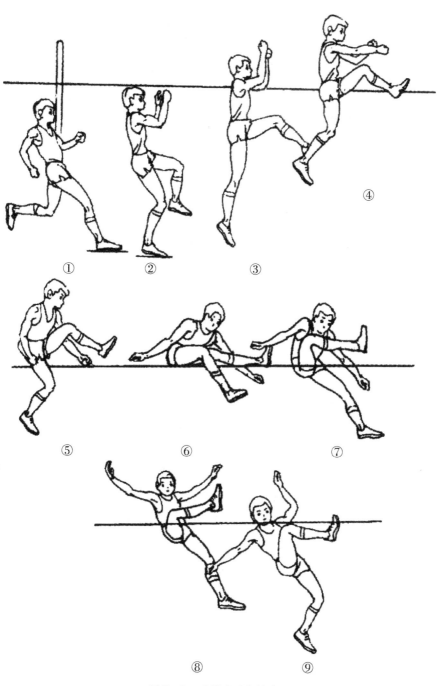

图7-3 跨越式跳高技术

任务二　跳高教学

背越式跳高技术大多采用以完整教学为主，完整教学与分解教学相结合的教学方法。一般从学习起跳技术开始，在逐步增加助跑步数的练习中，重点抓住助跑倒数第 2 步动作的快速过渡与起跳的紧密衔接。

一、建立背越式跳高的完整技术概念

运用电脑、手机 App 数字化功能等直观方法和完整技术示范，讲解背越式跳高的技术特点，使学生建立正确的背越式跳高的技术概念。

二、学习起跳技术

（一）教学重点

起跳腿沿助跑弧线的切线方向放腿；摆动腿和起跳腿及全身的协调配合完成起跳。

（二）教学方法

（1）原地起跳模仿练习。起跳腿在前，摆动腿在后。摆动腿积极蹬地，以髋带大腿屈腿向上摆起，同时两臂由后向前、向上摆起，使摆动一侧肩高于起跳一侧肩，并带动起跳腿和躯干伸直，形成起跳结束姿势。

（2）上一步起跳练习。摆动腿在前，当起跳腿向前踏向起跳点时，摆动腿积极蹬离地面起摆，利用身体前移的速度，快速完成起跳动作。

（3）3 步助跑起跳练习。3 步弧线助跑做起跳，跳起时保持起跳结束姿势，用起跳腿落地。

三、学习助跑与起跳的衔接技术

（一）教学重点

助跑倒数第 2 步摆动腿支撑阶段的过渡动作；摆动腿快速摆动和起跳腿快速蹬伸及全身协调配合完成起跳；全程助跑时身体逐渐内倾和助跑节奏。

（二）教学方法

（1）沿着直径为 15 米的圆圈做圆圈跑。跑时注意身体向内倾斜。

（2）由直线进入弧线跑练习。由直线进入不同弧度的弧线跑，注意弧线跑时身体随惯性逐渐向内倾斜。

（3）3～5步弧线助跑起跳。

（4）5步弧线助跑起跳用头、手、摆动腿的膝触高物的练习。

四、学习过杆和落地技术

（一）教学重点

完成正确的起跳，积极向上腾起；依次完成仰头、倒肩、展体和挺髋成背弓姿势；两腿向上甩起，使身体迅速离开横杆。

（二）教学方法

（1）原地做倒肩挺髋练习。背对海绵垫站立，向后倒肩、展体、挺髋，用肩背着垫。

（2）原地双脚起跳做倒肩、挺髋和甩腿练习。背对海绵垫站立，跳起后做倒肩、挺髋和甩腿动作，用肩背着垫。先不放杆（或橡皮筋），稍熟练后，可放杆（或橡皮筋）。

（3）原地起跳做过杆模仿练习。侧对海绵垫站立（摆动腿一侧靠海绵垫），起跳腿在前，摆动腿在后，成最后1步起跳姿势。练习时，摆动腿蹬地，推动身体向前，同时以髋带腿，大小腿折叠屈腿上摆，与两臂上摆配合，伸直身体并转向背对横杆，然后倒体，下放摆动腿，成屈腿挺髋姿势，倒在海绵垫上。

（4）上一步起跳做过杆模仿练习。侧对海绵垫站立，摆动腿在前，起跳腿在后。起跳腿上步起跳，腾起后，即做仰头、倒肩、展体、挺髋和向上甩腿动作，用肩背落在海绵垫上。

（5）3～5步助跑起跳，背越上较高的海绵堆，成背弓姿势。

（6）3～5步助跑跳板背越式过杆练习。充分利用跳板腾起重心高的特点，体会和掌握过杆技术。

（7）3～5步助跑背越式过杆练习。可以先放橡皮筋，然后再放横杆。

五、学习背越式跳高的完整技术

（一）教学重点

助跑逐渐加速并有明显的节奏；助跑与起跳连贯，积极向上跳起；依次、连贯过杆。

(二) 教学方法

(1) 丈量全程助跑步点，进行全程助跑练习。
(2) 全程助跑在较高的横杆前做起跳练习。
(3) 3～5 步助跑做背越式跳高练习。
(4) 全程助跑做背越式跳高练习。

任务三　跳高训练的内容与方法

一、技术训练

现代背越式跳高技术具有快速助跑、快速起跳和快速过杆的技术特点。因此，在背越式跳高技术训练中，要突出"快速"这个核心要素，并贯穿于背越式跳高训练的整个过程。

抓好背越式跳高的基本技术训练，是掌握背越式跳高完整技术的基础。背越式跳高的基本技术包括弧线助跑技术、助跑与起跳结合技术（助跑倒数第 2 步技术）、起跳时起跳腿蹬伸与摆腿和摆臂的协调配合技术、摆动腿摆动技术、两臂摆动技术、依次连贯的过杆技术等。

跳高基本技术的训练必须与完整技术训练相结合，保证背越式跳高技术的完整性。在基本技术训练中，要强调完成动作的速度，在助跑、起跳、过杆的整个过程中突出"快速"的技术特征，同时要注意完成完整技术动作节奏的合理性，如助跑的节奏、起跳的节奏和过杆的节奏，以及完整技术的连贯性，将"快速"和节奏合理地融合为一体。

背越式跳高技术训练经常采用的练习手段有：
(1) 短、中程和全程助跑起跳练习。
(2) 短、中程和全程助跑起跳用手、头触高物练习。
(3) 全程助跑练习，掌握助跑节奏和助跑准确性。
(4) 全程助跑起跳，背卧上高海绵堆练习。
(5) 全程助跑背越式跳高练习。由于运动员的具体情况不同，在掌握正确、规范的背越式跳高技术的基础上，必须注意形成运动员的个人技术特点和技术风格。

二、体能训练

（一）速度训练

发展速度是背越式跳高运动员体能训练的重要内容，它的速度包括动作速度、起跳速度、助跑速度和完成跳高技术中的各种动作速度。

发展动作速度和快速节奏是速度训练的基础，可以采用各种高频节律动作来发展神经的兴奋和抑制的快速转换能力，以提高肌肉收缩的速度并改善神经系统对肌肉工作的支配能力，同时快速完成各种与跳高技术结构和用力方式相一致的动作，强化专门性神经动作的速度。练习时，可以采用弹力带、负轻重量器械，或负轻重量器械与徒手练习相互交替等手段进行练习。

发展跑的速度是提高助跑速度的关键。因此，训练中大量采用各种短冲训练以提高短距离的加速能力，如采用加速跑、下坡跑、上坡跑、阻力释放跑、变速跑、行进间跑等多种短冲训练方式。在发展位移速度能力的基础上，将短冲与全程助跑结合进行练习，以提高专项速度能力。同时，在跑的练习过程中，需十分注意掌握正确的跑的技术，正确、合理的助跑技术有助于助跑速度的提高。

（二）力量训练

跳高运动员的力量训练，要在全面发展身体稳定控制能力和功能动作力量的基础上安排训练。主要发展下肢及全身的爆发力。发展爆发力的手段主要有增强式训练（也称为"肌肉拉长—缩短周期训练"，stretch-shorten cycle，简称SSC）、高翻、抓举、深蹲、实心球等训练方法。

跳高专门爆发力，即一般俗称的弹跳力。发展弹跳力通常采用徒手的，或负轻重量器械的各种跳跃练习，如立定跳远和立定三级跳远练习、跨步跳练习、连续跳过栏架练习、跳深练习等。结合跳高技术的各种专门跳跃练习，如助跑起跳摸高物练习、助跑起跳跳上高海绵堆练习等。

在发展腿部弹跳力的同时，要注意发展跳高专项所需要的其他部位的肌肉力量，特别是腰和髋部的肌肉力量，通常采用各种收腹举腿练习、俯卧做背收练习等。同时还要注意发展上肢力量，提高两臂摆动的速度和力量。

（三）灵敏性、协调性和柔韧性的训练

高度发展的灵敏性和协调性，能够使运动员在复杂变化的环境中迅速、准确和协调地改变和控制自己的身体运动，正确、有效地完成各种身体练习并掌握各种运动技术。柔韧性的发展程度，又直接影响技术动作的幅度、肌肉的伸展程度和

弹性。

发展灵敏性和协调性经常采用的练习手段有：

（1）田径运动的多项练习（如短跑、跨栏跑、跳远和推铅球等）。

（2）跑、跳跃和投掷的各种辅助练习。

（3）球类、体操、技巧、武术等其他运动项目的各种基本练习。

（4）听信号或看信号完成的各种练习，变换方向、速度、节奏和距离的各种练习。

（5）国际惯用的伊利诺斯跑、T型跑和六边形跳等灵敏性测试也是很有效的训练手段。

发展柔韧性经常采用的练习手段有：

（1）各种拉伸肌肉、肌腱和韧带的练习，如各种压腿、踢腿、摆腿和振臂的练习。

（2）体侧屈和体前屈的练习。

（3）背桥的练习。

三、心理训练

跳高（撑竿跳高）是唯一先知道成绩，再进行比赛的田径项目，并且一次试跳失败，将会影响自己比赛的成绩和名次。因此，克服害怕横杆高度的心理，特别是面对超过自己最好成绩或破纪录高度时的畏惧心理，是跳高运动心理训练一项非常重要的训练内容。

在日常的训练中，集中注意力，克服外界干扰能力的训练是跳高运动员心理训练的基础。将注意力集中在技术动作上，不受对手和自身成绩的影响是衡量一个跳高选手心理训练水平高低的重要标志。可以安排视觉模拟训练和模拟比赛，在心理意念训练和模拟比赛中，要求认真对待每一个试跳高度，哪怕是容易越过的高度，使运动员在无论多么困难的情况下都能有效地控制自己的情绪，通过自我调整将注意力放在技术动作上，排除外部环境对心理的影响，同时要激发和鼓励运动员敢于冲击最高高度和超出自己已有的高度。在各种模拟训练中要善于运用不同的高度，让运动员克服"怕高"的心理，又要适时安排最高或超高的高度，不断培养运动员敢于"冲高"的良好心理。

要有意识地安排运动员在不同环境和条件下进行训练与比赛，也可以根据运动员比赛心理的缺陷有意识地安排和设计不良的环境和不利的条件，设立不同等级和强度的比赛障碍，培养运动员勇于克服困难的意志品质，使运动员在比赛中排除各种干扰，消除担心害怕心理，避免情绪波动，能够集中注意力去完成每一个高度的试跳，尤其是冲击最高高度和超出自己已有的高度的试跳。

项目七 跳高

思考与作业题

1. 跳高完整技术由哪几部分组成?解说起跳技术的要点。
2. 试述背越式跳高起跳技术的教学方法。
3. 发展跳高运动员的爆发力和专门爆发力有哪些练习手段?列举 5 个以上的练习手段。到田径场上做一做这些练习,并解说这些练习的动作要领。
4. 设计 5 个加快起跳动作的训练手段。

项目八　跳　远

【学习指导】 跳远是在高速助跑条件下完成一次跳跃以获得最大远度的田赛项目，跳远的完整技术由助跑、起跳、腾空和落地4个部分组成。其中，助跑与起跳的衔接是跳远技术的核心技术。现代跳远技术越来越重视助跑速度利用率的提高，研究表明，跳远的助跑速度和成绩呈正相关，高水平运动员助跑速度可以达到11米/秒左右；同时为了适应高速起跳对肌肉的要求，现代跳远体能训练高度重视高速肌肉离心和向心训练，快速的离心和向心能力是高速助跑和向起跳转换的关键环节。

　　跳远的教学首先应从助跑和起跳的衔接技术着手，重点抓好起跳腿着地、缓冲和蹬摆结合的技术环节。助跑起跳衔接技术的教学一般采用分解教学与完整教学相结合的方法。其他技术环节一般采用完整教学法，在完整教学时要突出重点。

　　现代跳远训练由技术训练、体能训练和心理训练三方面组成。少年儿童时期进行跳远训练时，首先应抓好基本技术结构和动作节奏的训练，重视身体动作的协调和蹬摆结合的效果，并注重全面身体训练，同时应考虑到少年儿童在7～13岁年龄阶段处在速度素质的快速增长期，抓好此阶段的动作频率、单个动作速度及反应速度训练有助于水平移动速度和起跳速度的发展。

任务一　跳远技术

跳远的完整技术由助跑、起跳、腾空和落地4个部分组成。

一、助跑

跳远的助跑是为了获得最高的水平移动速度并为快速准确地踏板做准备。

1. 助跑的方法

（1）助跑的起动姿势有两种，一种是从静止姿势开始，一般采用左右两腿平行微屈的半蹲，或两腿前后分立的"站立式"起动姿势；另一种是行进间起动，走几步或走跳步踩上第一标志后开始。第一种方法前几步较稳定，有利于助跑的准确性。第二种方法跑起来自然而轻松，动作舒张，易于较好地发挥运动员的助跑速度，但速度不易控制，踏板准确性相对较差。

（2）助跑的加速有积极加速和逐渐加速两种。积极加速方式从一开始就跑得很积极，步频始终保持在较高水平直到起跳。逐步加速方式一般在加大和保持步长的基础上提高频率，因跑的动作比较轻松自然，大多数优秀运动员都采用这种方法。

2. 助跑的速度

跳远的助跑速度与腾起初速度关系密切，理论上可以说跑得越快，跳得越远。优秀运动员起跳前的速度，男子可达10～11米/秒，女子可达9～10米/秒。

3. 助跑的距离

助跑距离的长短要根据运动员的加速能力和加速方式而定。一般男子的助跑距离为35～45米，跑18～24步；女子助跑距离为30～40米，跑16～22步。为了更好地完成助跑，一般采用两个标志，第一标志设在起点，第二标志设在最后6～8步起跳腿着地处。助跑技术好的运动员也可设一个标志。

4. 助跑的最后几步技术

跳远的最后几步助跑技术是整个助跑的核心，运动员既要保持高速度，又要为起跳做准备。因此，在这一阶段，身体重心要保持较高的位置，快速向前移动，在保持步长的基础上积极加快步频，切忌拉大步或倒小步。优秀运动员最后几步的步长有不同的风格，有的是倒数第1步降重心，有的是倒数第3步降重心，为水平移动速度向起跳方向转换做准备。学生应根据自身的身体条件和速度能力选择合理的最后几步助跑技术，不可强求统一模式，但作为初级运动者，一般建议不要刻意降低重心，以保持高速度和高步频为首要任务。

二、起跳

起跳时，要充分利用助跑所获得的水平移动速度，在最短时间内完成起跳动作，从而获得尽可能大的腾起初速度和适宜的腾起角度。起跳技术分为起跳腿着地、缓冲和蹬摆三个动作阶段（如图8-1所示）。

1. 起跳腿着地

助跑的最后1步，起跳腿髋、膝关节抬得较低，起跳脚应积极、主动和快速地着地。这既可以减小着地时的冲击力，也可以加快身体中心的前移。起跳腿着地时，足跟和足掌几乎同时着地。

2. 缓冲

起跳腿着地后，在水平速度惯性和身体重力的作用下，起跳腿臀肌、股四头肌、小腿三头肌组成的运动链做离心退让性工作，促使运动链被快速拉长，推动肌肉进入拉长—缩短周期工作模式，为爆发性蹬伸创造有利的条件。优秀运动员在缓冲阶段，各关节弯曲的程度较小，起跳速度更快，一般从着地到离心退让再到起跳大约在 200 毫秒以内完成。

3. 蹬摆

蹬摆阶段是由起跳腿膝关节最大弯曲时起至起跳腿蹬离地面瞬间。起跳蹬摆时，起跳腿的髋、膝、踝关节乃至全身要充分快速地伸展。上体和头保持正直，摆动腿大腿要摆至水平位置或稍高，小腿自然下垂，双肩前后摆起或前侧摆起，肩要向上提起，用象形的语言来形容就是"吊头、顶肩、拔腰、摆腿、蹬伸"。优秀运动员的蹬地角在 75°左右。起跳时要注意起跳腿的"蹬"和摆动腿的"摆"的协调配合，当起跳动作接近结束时，臂、腿的摆动要"突停"制动，根据能量守恒的原理，臂腿的"突停"制动可通过动力链将助跑获得的动量传递给地面，从而使身体获得更大和更快的反作用力，为提高身体重心并获得更大的腾起角度提供良好的条件。

图 8-1　跳远起跳

三、腾空

起跳结束后，身体重心将按照固定的抛物线运动。运动员采取合理的空中技术可以有效地克服身体由于起跳制动产生的躯干前旋运动，维持身体在空中的平衡，获得更长的滞空时间，为更好地落地创造有利条件。

腾空初始，身体保持起跳结束时出现的跨步姿势，这被称为"腾空步"。腾空步是三种主要跳远技术的共同阶段，三种主要跳远技术都是在充分完成腾空步的基础上实施的。现代跳远技术在完成腾空步之后的空中技术主要有三种，分别是"蹲踞式""挺身式"和"走步式"。

项目八 跳远

1. 蹲踞式技术

腾空步后，身体达到最高点时，留在后面的起跳腿开始屈膝上抬逐渐向摆动腿靠拢，形成蹲踞姿势。随后两腿上收，上体前倾，两臂由前向下、向后摆动，同时向前伸小腿落入沙池。（如图8-2所示）。蹲踞式的主要技术特点是动作自然、简单，与起跳衔接较为紧密，腾空步时间较长，有利于初学者掌握；不足之处在于起跳腿向摆动腿迭拢所产生的躯干方向惯性会增加躯干的前旋，不利于身体在空中的平衡，影响落地技术的发挥，建议在跳远的学习过程中作为初级跳远技术予以学习和掌握。

图8-2 蹲踞式跳远技术

2. 挺身式技术

腾空步后，摆动腿自然下放、伸髋，与稍后顺势前移的起跳腿靠拢，在腾空最高点时，身体充分伸展，形成挺胸展髋姿势，两臂上举或后摆，然后收腹举腿，双腿前伸，完成落地动作（如图8-3所示）。挺身式的主要技术特点是摆动腿下放和伸臂，减缓了身体前旋的角速度，有利于维持平衡，挺胸展髋技术有利于充分拉长体前肌肉，有利于收腹举腿和伸腿落地；不足之处在于助跑与起跳衔接不够流畅，影响速度的发挥，一般建议田径二级运动员左右水平的运动者学习和掌握。

图8-3 挺身式跳远技术

3. 走步式技术

腾空步达到最高点时，摆动腿下放后摆，同时起跳腿屈膝前摆，双臂与下肢协调直臂环绕，在空中完成一个自然换步，接着落地的跳远技术就是两步半走步式技术，空中完成两次换腿动作为3步半走步式技术（如图8-4所示）。走步式的主要技术特点是助跑与起跳结合紧密，助跑起跳一气呵成，有利于速度的发挥；腿与臂的转动很有效地减缓了前旋角速度，有利于身体的空中平衡；不足之处是对协调性和身体素质要求较高，不利于掌握，一般建议田径一级运动员以上运动者学习和掌握。

图8-4 走步式跳远技术

四、落地

落地的任务是在确保安全落地的同时获得更远的跳跃距离，运动者合理运用技术尽可能将身体伸得更远。在完成空中动作后，双臂快速从躯干上方由前向下摆动，双腿屈髋上抬并顺势伸出小腿。着地前，尽量减小双腿与地面的夹角，以便于腿的着地点更接近身体重心轨迹的落点。双腿着地后，应迅速屈膝缓冲，髋部向前移动，双臂快速前摆，使身体特别是臀部迅速移过着地点。

任务二 跳远教学

一、教学重点

本节的教学重点是建立跳远的完整技术概念，学习和掌握跳远的助跑技术、起跳衔接技术、挺身式跳远技术及落地技术，充分认识到速度在跳远技术中的核心作用。

二、教学步骤与方法

1. 建立跳远的完整技术概念

利用视频、手机 App 移动终端、光碟和图片等直观方法和完整的跳远技术示范，简要讲述跳远的技术理论和特点。

2. 学习助跑起跳技术

（1）1 步起跳模仿练习：两腿前后站立，摆动腿在前稍屈膝，起跳腿在后，重心落在前脚掌。摆动腿蹬地，起跳腿由后向前迈步并积极做出着地动作，同时摆动腿以髋带腿积极前上摆，形成腾空步姿势。

（2）短助跑上斜跳板练习：让运动员跑 6～8 步踏上斜跳板，做腾空步。

（3）30 米连续助跑起跳练习：慢跑 3～5 步一跳。起跳时，身体保持正直，头微仰看斜上方，起跳腿积极"扒地"，摆动腿摆至略高于水平面处，形成双臂分别在身体前后的腾空步姿势。

3. 学习腾空和落地技术

（1）学习蹲踞式技术。

教学重点：起跳后尽量延长腾空步的时间。6～8 步助跑起跳形成腾空步后，起跳腿向摆动腿靠拢，同时双臂上举，紧接着快速下压双臂配合双腿用力上举，然后前伸小腿让脚跟先落入沙池。

（2）学习挺身式技术。

教学重点：腾空步完成后，上肢协同迅速放下摆动腿，使髋部向前移动形成展胸挺髋的挺身动作，展胸挺髋的时间要尽可能长，形成滞空的效果。

①原地挺身式模仿练习：起跳腿支撑，屈膝抬起摆动腿，两臂配合下放摆动腿，髋向前移，形成展胸挺髋的姿势。特别要注意头的位置。

②6～8步助跑踏上仰角和水平跳板，腾空后摆动腿下放挺髋，然后直腿落入沙池。

③6～8步助跑踏上仰角和水平跳板，腾空后摆动腿下放挺髋，然后收腹落入沙池或海绵垫。

④短距离助跑做完整的挺身式：腾空步后，要快速地放腿，建立整个技术的动作节奏。

（3）学习走步式技术。

教学重点：在上肢协同下以髋带动大腿完成空中换腿动作，不是小腿在空中交换。

①原地模仿走步式技术：原地模仿走步式技术，体会两步半技术空中换腿动作。

②两臂支撑或悬垂在器械上，在空中体会走步式动作。

③3～4步助跑踏上仰角或水平跳板，体会空中换腿动作。

④6～8步助跑踏上仰角或水平跳板，体会空中换腿动作。

三、教学注意事项

1. 助跑步点不准

（1）产生原因：

①助跑起动方法不固定。

②助跑加速不均匀，节奏和步长不稳定。

③不同速度和方向的风造成步长的不稳定。

④比赛心理压力和紧张程度对肌肉本体感觉的影响。

（2）纠正方法：

①固定助跑起动方式。

②固定助跑的加速方式和节奏。

③提高在各种环境条件下的适应能力。

④设立2～3个标志点。

2. 助跑最后几步减速和起跳消极

（1）产生原因：

①助跑步点不准,最后几步拉大步或倒小步。
②起跳时身体后仰或髋后坐。
③害怕犯规或力量不足无法跳起来。
(2)纠正方法:
①建立用速度去争取远度的意识,建立正确的助跑节奏。
②反复练习,固定助跑的节奏和结构
③建立果敢起跳的意识。
④发展离心退让和蹬伸力量。

3. 起跳腿蹬伸不充分
(1)产生原因:
①摆动腿摆动速度慢,起跳腿髋关节没有积极向前。
②起跳时重心太低。
③起跳腿和髋的力量不足。
④重心不稳定。
(2)纠正方法:
①加强腿和髋的力量训练。
②加强与摆动相关的肌肉的力量。
③进行各种跳的练习,提高跳的意识。
④利用不稳的平面提高重心稳定性。

4. 起跳后身体前旋太大,过早落地
(1)产生原因:
①腰腹力量不足,头的位置不对。
②摆动腿没有摆到位置。
③起跳时制动太大。
(2)纠正方法:
①加强腰腹力量训练,头要微向上仰。
②加强摆动腿的摆动技术。
③提高扒地起跳技术。

5. 挺身式跳远以挺腹代替挺髋
(1)产生原因:
①头和上体起跳时过早后仰。
②腾空步后摆动腿放下过晚。
③腾空步后曲臂无法产生足够的惯性,以挺腹代替挺髋。
(2)纠正方法:

①建立正确的技术和动力定型。
②加强腰背肌的训练。
③做展胸动作时双手必须展开。

6. 走步式跳远空中换腿动作幅度太小

（1）产生原因：

①换步时不用髋关节摆动，只摆了小腿。
②髋部的力量不够。
③上下肢配合不协调。
④躯干稳定不足，产生前倾。

（2）纠正方法：

①徒手体会大腿前后换步的技术，建立正确的肌肉本体感觉。
②助跑俯角跳板起跳，延长腾空时间，体会大幅度换步的动作。
③加强髋的力量训练。
④加强核心稳定训练。

7. 着地阶段小腿前伸不够

（1）产生原因：

①躯干和臂下压不够快，没有和抬腿协调一致。
②腰腹力量和下肢柔韧性差。

（2）纠正方法：

①从高台跳入沙池，要求落地时小腿尽量前伸。
②跳远落地阶段，强调大腿高抬。

任务三　跳远训练的内容与方法

一、技术训练

现代跳远的理论和实践都充分地证明了高速度的助跑和高速度的起跳是跳远技术的总趋势，尽可能地获得更大的起跳初速度和适宜的起跳角是跳远技术训练要解决的核心问题。所以，跳远的技术训练要围绕这两个问题来进行，通过更高速的助跑来加快摆动速度和蹬伸速度，让身体腾得更远。

常用的训练手段有短助跑完整技术训练、短助跑跨步跳、短助跑腾空步、拉橡皮带屈膝摆腿、下坡跑接起跳、负轻重器械快节奏起跳模仿、短助跑高台完整技术、短助跑腾空步过栏架。

项目八　跳远

二、体能训练

跳远技术是一个对运动员的速度和爆发力要求很高的非周期性项目，体能训练的重点就是抓住项目身体素质的本质特点进行训练。跳远体能训练包括一般体能训练和专项体能训练。在现代训练学体系里，一般体能训练和专项体能训练是相辅相成、密不可分的，与技术训练一起构成了现代训练体系的三个支点。跳远项目的专项体能构成包括速度、快速力量（爆发力）和退让性力量，一般体能训练包括灵敏、灵活、稳定、爆发力、无氧耐力。

跳远训练一般遵循以下原则：第一，促进运动功能的全面发展，力量、爆发力等运动能力的发展要遵循循序渐进的原则，采取多样化手段发展各运动链索的协同用力，包括蹬摆协同，脊柱的屈伸、旋转和支撑能力。第二，重视和加强核心稳定训练，提高躯干的动态稳定能力。第三，爆发力是跳远力量的核心，所有的力量训练要围绕超等长能力这个要素来进行。

常用手段有 30 米跑、60 米跑、20 米行进间跑、负沙衣高抬腿、短助跑跨步跳、负重换腿跳、负重慢退让、负重静力练习、负重挺举、负重半蹲。

三、心理训练

对心理训练的高度重视是现代运动训练学的一个显著特点，在高水平世界大赛上，高水平运动员的胜负往往取决于心理因素。跳远是体能主导的非周期性运动项目，心理因素往往会影响正常水平的发挥，所以运动员个性心理特点和情绪的控制能力是其心理因素的核心。在选才时，要充分考虑运动员的个性，要选那些个性勇敢、果断、敢打敢拼的运动员。现代心理训练的手段很多，但最好的方法就是让运动员在比赛的锻炼中成长，并在比赛实践中运用和掌握这些心理训练的手段。常见心理问题的克服方法有表现放松法、自我暗示法、思维阻断法、音乐调节法、排尿调节法等。

思考与作业题

1. 跳远起跳过程中身体前旋是如何产生的？如何克服起跳过程产生的前旋？
2. 跳远空中动作有哪几种？比较各种空中动作的优点、缺点。
3. 发展跳远运动员的速度经常采用哪些练习手段？列举 5 个练习手段，并说明这些练习手段的动作要领。
4. 发展跳远运动员的离心退让能力有哪些练习手段？列举 3 个练习手段，并说明这些练习手段的动作要领。

项目九 推铅球

【学习指导】推铅球是一个以力量为基础、速度为核心的速度力量性项目。完整的推铅球技术由握持铅球、预备姿势、滑步、最后用力和维持身体平衡5个部分组成。在完整技术中滑步与最后用力占主要地位,滑步速度与最后用力出手速度对推铅球成绩的影响最大。

推铅球教学首先应从握持铅球与最后用力技术着手,重点抓好滑步与最后用力的衔接。滑步技术一般采用分解教学与完整教学相结合的方法,最后用力技术的教学与其他技术环节一般采用完整教学法,在完整教学时要突出重点。

任务一 推铅球技术

推铅球是一个以力量为基础、速度为核心的速度力量性项目。目前推铅球技术主要有两种,即背向滑步推铅球和旋转推铅球,这里介绍背向滑步推铅球技术。背向滑步推铅球技术分为握持铅球、预备姿势、滑步(或旋转)、最后用力和维持身体平衡5个部分。

一、握持铅球(以右手推铅球为例)

(一)握球

五指自然分开,食指、中指和无名指指根托住铅球,拇指和小指扶在铅球的两侧以保持球的稳定,手腕背屈(如图9-1所示),以防止铅球滑脱。

(二)持球

握好球后,将球放在颈部右侧锁骨窝处,紧贴颈部,下颌向右转,右臂屈肘,掌心向内,右肘抬起,右上臂与肩齐平或略低于肩,左臂自然上举,躯干保持正直,两眼平视前方(如图9-2所示)。

项目九 推铅球

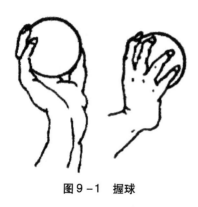

图9-1 握球

图9-2 持球

二、预备姿势

预备姿势是滑步前的准备动作，它为顺利地进入滑步创造有利条件。预备姿势一般分为高姿和低姿两种。

（一）高姿

大多数人采用高姿预备姿势。持球后，背对投掷方向，站在投掷圈后部，两脚前后开立，右脚在前，脚尖贴近投掷圈的内沿，左脚在后，以前脚掌或脚尖着地，上体正直，左臂自然上举，身体重心落在右腿上（如图9-3所示）。

（二）低姿

持球后，背对投掷方向，站在投掷圈后部，两脚前后开立，右脚在前，脚尖贴近投掷圈后沿，脚跟正对投掷方向或稍向内转，左脚在后，以前脚掌或脚尖点地，维持身体平衡，上体前屈，左臂自然下垂，两眼平视，左肩内扣，两腿弯曲，身体重心落在右腿上（如图9-4所示）。这种预备姿势较为自然，有助于集中精力开始滑步。

图9-3 高姿

图9-4 低姿

三、滑步

滑步使铅球获得一定的水平移动速度，并为最后用力创造有利条件。滑步开始时，由臀部主动后移，右腿弯曲，左腿大腿慢慢地向后上抬起，同时上体逐渐前倾，左臂向前伸出（如图9-5①—③所示），当左腿摆至同地面平行时，回收左腿向右腿靠拢，形成团身姿势（如图9-5④—⑥所示），接着臀部向投掷方向移动，左腿快速向抵趾板方向摆出，同时右腿用力蹬地（如图9-5⑦—⑨所示），在左腿摆动与右腿蹬地的配合下，身体迅速向投掷方向移动，这样即可保证铅球和身体重心获得必要的速度。右腿蹬地的方法有两种：一种是脚前掌蹬地，另一种是脚后跟蹬地。前者动作简单、省力，便于拉收脚，容易掌握，但右腿蹬地不充分，力量小，蹬地角度大，滑步时易造成身体重心上下起伏较大；后者右腿蹬地充分，力量大，蹬地角度小，能减少滑步时身体重心的起伏，更好地发挥水平速度，但对腿部力量和灵活性要求较高，拉收右腿动作难度较大。

右腿蹬地后，迅速拉收小腿至身体重心下方。收腿时，膝内扣，脚尖内转，前脚掌落在圆圈中心附近，与投掷方向约成90°角。随后右腿完成收腿动作，向后摆动的左腿，其左脚稍外转，以前脚掌内侧积极下落于抵趾板内侧，投掷中线左侧约10厘米处，并与投掷方向约成45°角。（如图9-5⑩—⑬所示）为保证迅速过渡到最后用力，两脚着地的时间要尽量缩短。

在滑步过程中，左肩要保持内扣，头部保持原来的姿势，躯干前倾，左臂积极前伸，使铅球尽量远离落后。这样，在滑步结束后，能获得较长的工作距离和良好的最后用力姿势。

四、最后用力

最后用力在滑步结束，左脚积极着地前的瞬间开始。在最后用力过程中，铅球运行的距离、速度、出手角度和高度都是很重要的。铅球出手速度的80%左右将在这个阶段获得。它是铅球技术中最重要的阶段。研究表明，在这一过程中铅球运行的距离，男子为1.50～1.80米，女子为1.40～1.65米；铅球运行时间为0.20～0.23秒。

最后用力这一阶段又可分为两个部分，即最后用力加速准备部分和最后用力加速部分。

（1）最后用力加速准备部分是指从最后用力开始到投掷臂给铅球加速之前。其主要任务是保持铅球已有的速度，为投掷臂的加速用力做好最后的准备。当滑步结束右脚着地时，右脚迅速蹬转，随着左脚的积极着地，右髋向投掷方向转动，努力使肩轴与髋轴成扭紧姿势。上体在转动中逐渐抬起，左臂由胸前向投掷方向牵引摆

项目九 推铅球

图9-5 推铅球技术

动，使身体由背对投掷方向转至侧对投掷方向，此时肩轴仍落后于髋轴，左臂和左肩高于右肩，体重大部分仍在弯曲而压紧的右腿上，身体形成侧弓姿势，拉长的肌肉群成待发之势，为躯干最后用力动作创造有利条件（如图9－5⑭所示）。

（2）最后用力加速部分是指从投掷臂加速推球到铅球出手。其主要任务是加快铅球的运行速度并达到最大限度，以适宜的角度将铅球推出。在身体形成侧弓后，右腿迅速蹬伸，加快右髋向投掷方向转动和上体前移的动作，体重逐渐移至左腿，左膝被动微屈，左臂由上向身体左侧摆动并制动，同时以身体左侧为轴，快速转体，挺胸抬头，此时，上体和头稍后仰，两腿微屈，大部分体重仍在右腿上，接着在两腿继续用力蹬地时，右肩向前上方积极送出，右臂快速有力地将铅球推出。（如图9－5⑮～⑳所示）。当铅球将要离手时，右手屈腕，手指有弹性地拨球，以加快铅球出手速度。铅球出手角度对投掷速度有较大影响，铅球出手角度一般是35°～39°，它随着出手速度的变化而变化。铅球出手高度对每名运动员都具有相对稳定性，它主要取决于运动员的身高、臂长及专项技术水平，其影响也不可忽视。

在最后用力过程中，左腿的支撑作用十分重要，它不仅可以提高铅球的出手高度，更重要的是可以提高转体推球的速度。在最后用力中，左臂通过向上、左、下方位的摆动，可以加大胸大肌的横向引展协助完成左侧支撑，提高和加大转体推球的速度和力量。要注意出手前推球加速能力的培养，因为优秀与非优秀运动员推铅球出手速度的差异主要是在最后用力中形成的。

五、维持身体平衡

铅球出手后，两腿前后交换，同时身体左转，并及时降低身体重心，缓冲向前冲力，维持身体平衡，防止出圈犯规。

当今世界优秀的铅球运动员背向滑步推铅球技术是不尽相同的，主要有以下几个特点。

1. 预备姿势站立不同

在预备姿势站立中有立姿和蹲姿。立姿，也称高姿势，其优越性在于滑步开始时，可以利用身体重心由上而下的势能，自然协调地进入滑步。蹲姿，也称低姿势，其优越性在于减少身体重心和铅球的起伏以保证身体平稳地进入滑步，但它对运动员的腿部力量要求较高。

2. 步长分配不同

有短长步点型（滑步距离较短而最后用力的站距较长）和均匀型（两步的距离较为平均）。短长型技术表现为右腿滑步距离为0.6～0.8米，两脚的站距为1.2～1.3米，最后用力。这种技术较简单、易学，有利于滑步和最后用力动作的衔接，但对运动员躯干的力量要求较高。

项目九　推铅球

3. 在最后用力中右腿用力的方式不同

一种是侧蹬在先，转蹬在后，这种技术更多的是发挥身体侧弓反振功能。另一种是转蹬结合，转动在先，这种技术有利于发挥身体正弓反振功能。两种技术各有利弊，前者较后者更简单、实用，但对运动员的腰部力量要求很高，因此，优秀运动员较多采用这种方式。

任务二　推铅球教学

一、建立背向滑步推铅球的技术概念

国内外铅球运动员训练的成功经验证明，学习与掌握现代推铅球技术应从少年开始。技术教学初期应讲解推铅球的技术特点；介绍投掷圈、器材规格和比赛规则；观看录像和图片，使学生初步了解推铅球的技术；提出推铅球教学中的安全措施及具体要求，强调安全问题的必要性和重要性；采取一些推铅球的诱导性练习，如双手向前或向后抛掷实心球，单手或双手头后向前推掷实心球，单手或双手胸前向前推掷实心球，单手或双手向上推掷实心球等。这些练习可从不同的预备姿势开始，如立姿、坐姿、跪姿等。同时要选用适宜重量的器械，以培养学生的兴趣，建立投掷意识。

二、学习原地推铅球技术

（一）教学重点

正确的最后用力顺序；上肢与下肢的协调配合。

（二）教学方法

1. 学习握球和持球

握好球后，为了更好地体会球的重量，培养良好的球感，可将球在两手之间交换传递。

2. 双手持球做向前和向后抛球练习

投掷者面对（背对）投掷方向，两脚前后开立（或左右开立），双手持球，推球前身体后仰成背弓，然后挺胸将球抛出。

3. 单手向上推铅球练习

两脚左右开立，与肩同宽，持球后成半蹲姿势，然后两腿用力蹬地，顺势将铅球向上推出。

99

4. 侧向原地推铅球练习

左侧对投掷方向站立,两脚左右开立,与肩同宽,左脚尖与右脚跟在一条直线上,左腿自然伸直,右腿弯曲,身体重心落在右腿上。然后右腿蹬伸、转髋、转体,手臂顺势用力,将铅球推出。

5. 背向原地推铅球练习

背对投掷方向,两脚前后开立,比肩稍宽,右脚前脚掌内扣,上体和肩右转,上体前屈,身体重心落在弯曲的右腿上,左臂前伸。然后,右腿蹬伸,推动右髋和上体转向投掷方向,同时右肩前送,右臂快速用力前伸,将铅球推出。

6. 学习原地背向出左脚推铅球

预备姿势与背向推铅球相同,重心落在右脚上。推球时左膝回收至右膝附近,然后迅速向后伸出落地以形成有力的支撑,立即将球推出。这个练习可为滑步推铅球打下基础。

7. 学习背向后收右小腿推铅球

背对投掷方向,体前屈成半蹲姿势。左腿向后伸直,左脚着地,右膝稍伸开两腿类似弓步状。投掷时迅速向后回收右小腿,立即将球推出。这个练习可以密切右腿回收与推球的结合。

(三)教法提示

(1) 反复体会上、下肢用力的协调配合。

(2) 推铅球结束时躯干仍保持直立,不要左倒或前倾。

(3) 控制好头部的动作,不要过早地向左扭转。

三、学习背向滑步推铅球技术

(一)教学重点

滑步时,左腿向后摆动与右腿蹬地的协调配合;身体重心平稳移动,形成良好的最后用力姿势;滑步与最后用力的紧密衔接。

(二)教学方法

1. 摆动腿摆动练习

预备姿势站立,左腿预摆在回摆靠近右腿时,团身降低身体重心,然后臀部后移,左腿顺势向后下方摆出,同时右腿用力蹬伸,随着身体重心的后移,摆出的左腿以前脚掌内侧落地,但右腿不做拉收动作,上体前倾,身体重心落在两腿之间。

2. 拉收右腿练习

在上一练习的基础上,迅速拉收小腿至身体重心下面,并以前脚掌着地。

3. 徒手滑步练习

在上面练习的基础上,当右脚拉收即将着地时,向后摆出的左腿以前脚掌内侧迅速落地,呈最后用力姿势。

4. 持球做同上练习

开始时单个做,之后可以连续做。

5. 背向滑步推铅球练习

做好滑步,形成良好的最后用力姿势,然后连贯地将铅球推出。

(三)教法提示

(1)在学习背向滑步推铅球初期,就要重视滑步与最后用力的衔接。
(2)注意培养完成动作的加速节奏。
(3)学习滑步技术时,要注意控制身体重心的起伏,滑步后上体不要抬起。
(4)滑步距离要短一些,动作要轻快一些,不要过分强调超越器械动作。
(5)应强调左腿蹬摆动作和牵引方向。

任务三　推铅球训练的内容与方法

一、初学者训练阶段

(一)训练任务

(1)全面发展各项运动素质,促进身体全面发育。
(2)根据运动素质发展敏感期的特点,优先发展速度小肌肉群力量、爆发力、灵敏性和柔韧性素质。
(3)学习掌握多项运动技能。
(4)初步学会推铅球的完整技术。
(5)注意运动员心理素质的培养。

(二)训练内容

1. 一般训练

不同距离的加速跑起跑、行进间跑、短跑和越野跑以及跨栏跑;不同形式的跳跃练习,如:单足跳、单足快速跳、多级跨步跳、立定跳远、立定三级跳远、立定五级跳远、两级蛙跳、多级蛙跳跳深、连续跳栏架等；发展大小肌群的各种力量练习，发展灵敏性的各种球类活动和游戏，发展柔韧性的各种练习。

2. 专项训练

各种负重的专门力量练习，如负杠铃转体、斜板卧推、单臂仰卧举壶铃、负重滑步练习等，各种形式的投掷练习和持器械与不持器械的基本技术及各种技术专门练习。

3. 心理训练

注意运用各种特定的条件，如在一定压力或一定难度的情况下完成技术练习和规定的指标；通过达到一定投掷远度和一定投掷次数来培养运动员的自信心；采用"竞赛法"或"达极限"等方法锻炼运动员的意志品质和集中注意力等。在训练中，善于激发运动员的积极情绪，也是培养和提高自信和成功的重要因素。保持积极活跃的训练气氛，对激发积极向上的情绪具有十分重要的作用。要学会迅速控制自己的情绪，不断培养和提高自我调节情绪的能力，善于排除干扰，应对突变情况，稳定情绪，以自己最佳的竞技状态投入比赛。

（三）训练要点提示

（1）少年运动员的训练，首先要掌握推铅球的基本技术，进而掌握正确的推铅球的完整技术。为此，在少年运动员的技术训练中更应注意教学因素。

（2）技术训练的内容和方法手段要全面多样，对运动员的训练以正面评价为主，以提高他们训练的积极性和兴趣。另外，在训练负荷的安排上，要做到区别对待。

（3）建立具有合理"速度节奏"的推铅球技术的指导思想，在技术训练中以中小强度和轻器械练习为主。随着年龄的增长，在正确动作定型后方可采用较重器械进行训练。

（4）少年运动员训练应本着技术先行的原则，在未成年或未掌握技术前不宜采用提高力量的方法来促进运动水平的提高，而主要应通过改进技术来实现运动成绩的提高。此时期应以一般训练为主，以量的重复为主，力量训练应围绕着改进技术进行。不要过多地进行专门训练和高强度训练。

二、二级运动员训练阶段

（一）训练任务

（1）进一步发展各项运动素质，提高健康水平。
（2）改进完善完整的推铅球技术。

（3）重视运动员参赛能力的培养。

（二）训练内容

（1）一般训练：应继续采用上一阶段用过的各种跑跳练习、球类活动和游戏等，全面提高运动员身体训练水平。此外，还要采用一些与推铅球专项关系密切、符合专项特点的多种形式的投掷练习，如不同器械的前抛、后抛、侧抛等，以及发展肌肉力量的练习。

（2）专项训练：常用的练习与上一阶段大体相同，但突出了推铅球完整技术的练习、投掷不同重量的推铅球练习及专项力量训练。

（三）训练要点提示

（1）此阶段应增加专项运动素质的训练比重，重点发展快速力量。
（2）逐步建立推铅球技术良好的肌肉用力感觉。
（3）不失时机地培养运动员的自信心，强化训练动机，树立奋斗目标。
（4）选择1～2项适合铅球项目和个人特点的副项进行训练。

三、一级运动员训练阶段

（一）训练任务

（1）在全面发展运动素质的基础上，提高专项运动素质，突出速度力量和专项力量训练。
（2）巩固提高推铅球的完整技术，形成良好的速度节奏。
（3）积极参加国内外比赛，积累比赛经验。
（4）进一步加强运动员心理素质的培养。

（二）训练内容

（1）一般训练：采用前两个阶段使用过的而且实践证明是行之有效的跑跳练习、各种形式的投掷练习、多种发展速度力量和绝对力量的练习，进一步提高运动员身体训练水平。

（2）专项训练：广泛采用不同重量的铅球（标准重量的、轻于标准重量的、重于标准重量的）进行各种专项力量练习。在现代铅球运动员的训练中，单一使用标准重量铅球的方法已不多见，而投掷不同重量的铅球也由阶段性过渡到全年性。这是因为使用不同重量的铅球进行训练有许多优点，它能分化运动员的感觉，减轻疲劳，有效地提高动作速度，加大动作幅度，并防止动作节奏僵化。

（三）训练要点提示

（1）技术训练应注意与运动素质的发展相结合，在不同的训练阶段妥善地安排二者的比重。

（2）采用较大重量的杠铃练习。要注意运用循序渐进的手段、方法，训练负荷安排要合理。

（3）完整技术练习时要注意滑步或旋转与最后用力动作的衔接。

（4）推铅球技术的合理速度节奏应是一个从滑步到出手完整的加速过程，不能形成两个明显的加速阶段，否则容易造成滑步与最后用力衔接时速度明显下降。国内外研究表明，优秀的铅球运动员滑步阶段获得的速度约为出手速度的15%，转换（过渡）阶段铅球的速度为15%～20%，最后用力阶段为80%～85%。

（5）加大推重铅球练习的比例。

四、运动健将训练阶段

（一）训练任务

（1）强化专项运动素质和专项能力的训练。

（2）进一步完善专项技术，提高技术的稳定性。

（3）身体训练以绝对力量和专项速度力量为主，兼顾其他素质的协调发展。

（4）进一步加强心理训练，确保训练的质量和比赛成绩的正常表现。

（二）训练内容

（1）一般训练：高水平运动员一般训练的内容要少而精，保持优势，弥补不足。因此，精选一些符合推铅球项目特点的训练内容如起跑短距离加速跑、跨栏跑、立定跳远、立定三级跳远和卧推高抓、高翻等发展速度爆发力和绝对力量的练习，从而保持已有的身体训练水平，且力争稳中有升。

（2）专项训练：此阶段的训练内容与前一阶段相比，没有明显的不同，主要采用不同重量的铅球投掷练习（以次最大功率重量铅球练习为主）和各种专项力量练习，但专项训练的比重和强度明显提高，强调推铅球完整技术完成的质量及稳定性。

中国女子铅球攻关组从1983年冬训开始，对女子铅球运动员的训练进行了优化组合。把大小力量和技术安排在一堂课里完成，这种训练方法主要是为了达到关键素质和专项技术紧密结合的目的。

（三）训练要点提示

（1）要充分考虑到运动员的个人特点，有针对性地安排训练。

（2）运动负荷，年投掷量大约在10000次，其中将近50％的投掷量的强度应达到本人最大强度的80％以上。

（3）年龄较大的运动员由于身体恢复较慢，技术练习应采用"少吃多餐"的方法。

（4）在铅球运动员的训练中，一方面要不断缩小与世界优秀运动员在绝对力量方面的差距，另一方面更要重视发挥我国运动员协调、灵活、速度好的特长。

五、国内外高水平铅球运动员的训练特点

（一）在同一训练单元内综合安排技术、力量与专项能力练习

在一个训练单元内，交替安排技术训练、身体训练及专项能力训练是现代高水平铅球运动员训练普遍采用的方法，中国女子铅球攻关组提出"完整技术天天练，关键素质不间断"的方式，这里的关键素质就是指力量素质。投掷练习一般是用来改进技术和发展专项投掷能力的。在同一训练单元里，这两项任务经常交织在一起。多数情况下，后者所占比重更大一些。因此，投掷强度就显得很重要。但高强度练习是以减少练习量为代价的，否则运动员恢复时间加长，会影响下一单元的训练。把技术训练、身体训练（特别是力量训练）和专项训练混编在同一单元中的方法可以在一定程度上解决这一矛盾，在混编单元训练中，推铅球次数少可以保证推铅球练习的质量；推铅球与身体练习交替进行，可以使大脑中枢不同区域的兴奋和抑制交替转换，且有相互促进提高练习效果的作用。

（二）在训练安排上更加强调专项技能的适应性

长期以来，人们根据传统的训练理论，把准备期训练的大部分时间用于基础训练，之后再进行专项训练。这种训练理论曾被广泛运用于从低水平到高水平训练的各个阶段。近些年来，俄罗斯与澳大利亚的学者认为，在进行长时间的基础训练后再引入专项训练只适用于低水平运动员的训练，而高水平运动员经常作为一个整体参加比赛，将基础训练与专项训练分离会导致技能适应性的分离，使最终的训练效果不平衡和不确定（俄罗斯《田径杂志》1991.11）。为此，加拿大教练员扎托立克提出在高水平运动员的训练中应根据运动员的具体情况将基础训练和专项训练综合安排，并且专项训练优先。澳大利亚国家队教练员斯坦则进一步提出了速度力量训练必须专项化的观点。苏联的有些学者甚至认为高水平运动员在训练中除了采用

一些杠铃练习外，只能采用一些动作结构与投掷动作的某一阶段相似的力量练习和抗阻练习，而一般身体训练只能作为恢复手段来使用。中国也有一些教练员开始考虑在高水平运动员的训练中专项技能适应性的问题。此外，把大量的时间花在一般身体训练上，对高水平运动员来说也是很不经济的。

（三）单元训练实施中的个性化

在制订单元训练计划时，教练员应以不同运动员的具体情况为主要依据，从运动训练学上讲，这叫训练计划中的个性化原则。在训练过程中，运动员的自身情况和训练环境都在不断变化。不仅从计划制订到实施的这段时间里运动员的情况会发生变化，即使在训练计划的实施过程中，这种变化也是很难准确预料的。若在运动员情况已经改变的条件下仍继续实施既定计划，无疑不能达到预想的训练效果。因此，教练员在训练中要根据运动员当时的具体情况调整原定计划。

（四）练习强度更加突出

现代推铅球训练的另一个特点是对练习强度的偏重逐渐加大。加拿大学者博南认为，高强度可以起到收效快的作用。研究结果表明，不同强度负荷的练习发展不同的运动素质。高强度力量与投掷能力训练发展的正是推铅球所需要的快速力量。高强度的投掷练习，不但可以发展推铅球的专项速度力量，而且有助于运动员体验到高强度投掷时特有的肌肉用力感觉和技术动作感觉，这种感觉对掌握和巩固技术是非常重要的。为此，博南把练习强度放在影响训练效果的诸因素之首。

（五）比赛次数增多，比赛功能扩展

把一些比赛作为提高投掷能力的高强度训练课来对待，也是现代铅球训练的发展趋势之一。比赛时，有一种平时训练所没有的特殊气氛，它可以使运动员产生强烈的推铅球的冲动，从而以更高的质量完成技术动作。只有在比赛的环境中，运动员才能获得相应的生理和心理体验。所以许多教练员和运动员把一些重大赛事之外的比赛纳入训练范畴，使比赛次数逐年增多。

六、现代推铅球技术的发展趋势

（1）更注重完整技术各动作环节之间的最佳组合。从推铅球完整技术上讲，教练员和运动员正在从强调某一动作参数的最优向追求最优的整体效益转变。

（2）追求完整技术动作的合理节奏，保证获得较大的铅球出手角度。

（3）铅球出手角度有减小的趋势，其原因是运动员要通过适当减小铅球出手角度来使身体力量得到充分发挥。

（4）滑步与最后用力的衔接仍是教练员重点强调的动作，"过渡阶段虽然只有1/10秒左右，却是个重要阶段"。在保证必要的超越器械动作的情况下，要使过渡阶段的"身体—铅球"速度得以保持，甚至提高。

（5）采用旋转推铅球技术的运动员越来越多。

思考与作业题

1. 背向滑步推铅球完整技术由哪几部分组成？试述最后用力的技术要点。
2. 说一说背向滑步推铅球技术的教学步骤，以及每一步骤的教学要点。
3. 在推铅球技术教学中，应注意哪些问题？
4. 国内外高水平铅球运动员训练的特点有哪些？

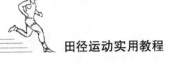

项目十　掷标枪

【学习指导】完整的掷标枪技术包括握枪和持枪、助跑、最后用力和维持身体平衡4个部分。握枪和持枪主要掌握现代握法和肩上持枪方法。助跑由预跑阶段和投掷步阶段组成。重点要掌握在适宜的助跑速度下完成引枪,并能形成良好的最后用力前的准备姿势。难点是投掷步的"交叉步",它对运动员改变身体姿势,完成超越器械动作,由助跑不间断地过渡到最后用力具有重要的意义。最后用力是掷标枪的关键动作,是标枪获得出手速度的主要来源,重点要掌握上下肢协调的用力顺序,完成通过标枪纵轴的"鞭打"式用力动作。掷标枪教学一般采用分解教学法,并按技术动作的顺序逆向进行教学,教学中要重视安全教育,组织措施要严密,防止发生伤害事故。掷标枪的训练符合田径运动训练的一般规律和少年儿童生长发育规律,应进行科学化的身体训练和专项技术训练。

任务一　掷标枪技术

掷标枪技术要求运动员持枪沿着直线助跑,并完成一系列动作,通过快速用力,由背后经肩上将标枪掷在约29°的扇形区域内。完整的掷标枪技术由握枪和持枪、助跑、最后用力和维持身体平衡4个部分组成。

一、握枪和持枪(以右手投掷为例)

(一)握枪

标枪斜放在右手掌心上,拇指和中指扣在缠绳把手末端边沿,食指自然弯曲斜放在枪杆上,无名指和小指自然地握在缠绳把手上(如图10-1所示)。这种握枪方法能更好地利用中指的长度和力量,手腕动作比较自然放松,有利于控制标枪的出手。

项目十 掷标枪

图10-1 标枪握法

（二）持枪

一般采用肩上持枪法。持枪于右肩上方，稍高于头，枪尖稍低于枪尾（如图10-2所示）。这种持枪方法有利于手腕放松，便于向后引枪。

图10-2 肩上持枪姿势

二、助跑

助跑任务是为了获得预先速度，做好引枪和超越器械动作，为最后用力创造有利条件。男子助跑距离为25～35米，女子稍短一些。助跑又分为预跑阶段和投掷步阶段。

（一）预跑阶段

预跑阶段的任务是逐渐加速，为进入投掷步阶段做好准备。预跑阶段的动作要放松自然，身体微向前倾，跑时有弹性，逐渐加速，持枪臂随着跑的节奏，做前后摆动。预跑阶段是第一标志线（起跑线）至第二标志线的距离，一般为15～20米，跑8～12步。

（二）投掷步阶段

投掷步是从左脚踏上第二标志线开始至最后1步左脚落地时为止。投掷步阶段的任务是在积极加速中完成引枪和超越器械动作，为快速连贯地过渡到最后用力创造有利条件。

一般采用4步投掷步：前2步完成引枪，第3步为交叉步，第4步为最后用力动作。

左脚踏上第二标志线后，右腿积极前迈开始第1步投掷步动作，此时，左肩右转向标枪靠拢，右肩向后带动持枪臂向后引枪，左臂在胸前自然摆动，眼睛注视前方，髋部正对投掷方向。第1步右脚着地时脚掌稍向外展，持枪臂还未完全伸直。（如图10－3③—④所示）

图10－3　掷标枪技术

项目十 掷标枪

右脚着地后，左腿积极前迈开始第 2 步投掷步动作，此时，右肩继续向后，持枪臂逐渐伸直完成引枪动作，髋部右转，并使身体转成侧对投掷方向。持枪臂应在肩轴的延长线上，枪尖与眼眉齐高，前臂贴近标枪，标枪靠近身体，左臂内旋微屈于身体左侧，头向投掷方向。（如图 10-3⑤—⑥所示）。

左脚着地后，右腿积极前迈开始第 3 步投掷步（交叉步）动作，此时，左腿积极蹬地，右腿以膝领先带动同侧髋有力地向前摆出，使下肢迅速向前推进，超过上体，完成超越器械动作，持枪臂保持稳定，不低于肩轴水平，标枪靠近身体，枪尖不高于头部，右脚着地时脚尖外展与投掷方向成 45°角，身体向后倾斜与地面成 65°～70°角（如图 10-3⑦—⑨所示）。

右脚着地后，开始第 4 步投掷步动作。此时，右腿积极弯曲缓冲，身体重心下降，体重落在弯曲的右腿上，接着右腿有力地内转蹬地，加快髋部向前移动，左腿不要抬得太高，快速向前迈出，沿着地面以脚掌内侧积极着地支撑，脚尖内扣约 20°角，膝关节伸直形成强有力的制动，左脚着地后与右脚的左右间隔距离为 20～30 厘米。

投掷步阶段应尽量保持预跑阶段所获得的速度，跑的节奏，各步也有所不同，一般第 1、第 2 步较快，第 3 步较慢，第 4 步最快。投掷步的步长：第 1 步大，约 2.0 米；第 2 步较大，为 1.8～2.0 米；第 3 步最大，为 2.0～2.2 米；第 4 步最小，为 1.4～1.6 米。

三、最后用力

最后用力任务是充分利用助跑所获得的速度，发挥全身的力量，以适宜的出手角快速将标枪掷出。

交叉步结束后，右腿积极后蹬，左腿快速向前迈出，在左腿还未落地的瞬间，即开始最后用力（如图 10-3⑩所示）。

左脚着地支撑后，上体由于助跑的惯性，继续向前运动，右腿积极蹬地，推动右髋加速向投掷方向运动，使髋轴超过肩轴，并带动肩轴向投掷方向转动。与此同时，投掷臂向上翻转，并留在身后，与躯干几乎成直角，上体转向正对投掷方向，标枪靠近身体，髋部、胸部积极挺出，形成"满弓"姿势。（如图 10-3⑪所示）。

之后，胸部继续向前，投掷臂尽量留在身后，当身体重心移至左腿上时，左腿从被迫弯曲完成迅速有力的蹬伸，同时，胸部带动肩，肩带动投掷臂向前挥动，最后通过手腕和手指，沿标枪纵轴完成"鞭打"用力，将标枪快速掷出（如图 10-3⑫所示）。标枪出手角一般为 29°～36°。顺风时出手角度稍大些，逆风时出手角度适当减小。

四、维持身体平衡

标枪出手后，为避免身体继续向前而造成犯规，右腿要迅速向前跨出一大步，身体向左转动，改变运动方向，并降低身体重心，以维持平衡。

任务二　掷标枪教学

掷标枪技术教学一般采用分解教学法。在教学中应抓住技术的关键——最后用力，特别是通过标枪的纵轴用力技术。顺序一般是先学最后用力技术，再学投掷步技术，最后过渡到全程助跑的完整投掷技术。

一、建立掷标枪的完整技术概念

通过采用讲解、示范等教学方法，使学生建立掷标枪的完整技术概念。

（一）讲解

简要讲解掷标枪的完整技术的 4 个组成部分及其各自的任务和技术特点，着重指出最后用力沿标枪纵轴用力的重要性。

（二）示范

通过示范和展示图片或录像，使学生了解掷标枪的完整技术。

（三）进行安全教育

教育学生平时拿枪应枪尖朝下，在做向后引枪时应检查在标枪所及的范围内是否有人。

二、学习标枪的握持方法

（一）教学要点

握标枪时，手腕要放松，持枪时肘关节要求向前并稍高于肩关节，手心向前上方。

（二）教学方法

（1）握枪练习。

要求：

①握枪手的掌心不能空出。
②左手抓住标枪头前后拉推,试查握枪的稳固程度。
(2)肩上持枪转动肘部的练习:握枪臂上举,手稍高于头,掌心向前上,做肘部的外展内收。
要求:
体会肩关节的放松和肘关节向前的持枪法。
(3)肩上持枪向后上推举枪的练习,左手抓住标枪头,沿标枪纵轴方向用力向后上推枪,直至持枪臂完全伸直。
要求:
①右胸要充分展开。
②体会挺胸前送的力量。

三、学习掷标枪的最后用力技术(以右手投掷为例)

(一)教学要点

以胸带臂,挥臂鞭打,沿标枪的纵轴用力;左腿积极插撑着地,形成牢固的左侧支撑;右腿积极蹬伸,充分向前送髋,自下而上地用力,上下肢及上体动作协调配合,连贯加速用力。

(二)教学方法

1. 正面插枪练习
(1)原地向前下方插枪:两腿左右开立,肩上持枪,将枪向前下方(5~6米处)掷出,并插在地上。
(2)上步插枪:预备姿势同上练习,左腿前跨,右臂向后上伸举,利用两腿蹬地和振胸力量,以胸带臂甩腕将枪向前下方(8~10米处)掷出,并插在地上。
要求:
(1)肩上持枪,枪尖低枪尾高,保持枪尖指向插地点。
(2)上步时右臂向后上沿标枪纵轴方向伸举,提肘伸臂甩腕,用力通过标枪的纵轴。
(3)逐渐增加插枪点距离,持枪时枪尖位置亦应逐渐抬高。
2. 正面上步掷标枪
动作过程同正面上步插枪练习,但右臂向后上伸举时,枪尖高于枪尾,向前上方用力将标枪掷出。
要求:

(1) 同正面上步插枪练习的要求。

(2) 以胸带臂掷枪，右胸尽量前送超过左肩。

3. 侧向上一步成"满弓"

左腿在后，右腿在前，身体侧向投掷方向，上体向右倾斜。持枪臂向后伸直，肘高于肩，左臂旋内微屈于体前。左腿上一步，以脚内侧插撑着地，同时右腿用力蹬伸将髋向前送出，右臂转肩翻肘至肩上，上体转成正对投掷方向，成"满弓"姿势。

要求：

(1) 先做徒手模拟练习，后做持枪练习。

(2) 预备姿势上体要向右倾斜，左腿前迈直膝插撑着地，身体重心不要过早前移。

(3) 右腿蹬伸向前充分送髋。

(4) 可由同伴帮助拉住右臂或标枪，或自己用左手抓住标枪头进行练习。

主要练习方法：原地持器械"满弓"、肋木顶髋、肋木拉肩、两人配合拉肩、双人协作持枪肩上"满弓"、单手持重物反身拉弓。

4. 侧向上一步掷标枪

动作同练习3，成"满弓"后将标枪掷出。

要求：

(1) 控制好标枪，枪身尽量靠近身体，通过标枪的纵轴用力。

(2) 自下而上用力，以胸带臂"鞭打"出手，动作连贯加速。

(3) 徒手练习可由同伴帮助，右手拉住持枪臂，左手抵住右肩，成"满弓"姿势后左手推送右肩向前。

四、学习投掷步技术

（一）教学要点

上下肢协调配合，形成良好的超越器械的姿势并与最后用力动作紧密衔接。

（二）教学方法

1. 连续交叉步

侧对投掷方向，从投掷臂后伸引枪姿势开始，连续做交叉步动作。

要求：

(1) 左腿蹬伸与右腿前摆要协调配合，右腿以膝领先前摆，髋部前送，强调髋部超越上体动作。

项目十 掷标枪

（2）上体不要故意后倒，注意保持髋轴的正确位置。

（3）最后一次交叉步要紧接左脚快落。

2. 交叉步接最后用力

预备姿势同上。

要求：

（1）交叉步与最后用力动作衔接要连贯，整个动作节奏逐渐加快。

（2）也可以连续做2～3次交叉步再接最后用力动作。

3. 原地上两步做引枪练习

肩上持枪姿势开始，面对投掷方向，左脚在前，右脚在后。下肢向前跨两步完成投掷臂后伸引枪动作，成身体侧对投掷方向。

要求：

（1）两步完成引枪，动作自然、连贯，与下肢配合协调。

（2）引枪后持枪臂自然伸直，不低于肩轴延长线，控制标枪靠近身体，枪尖约与眉毛同高。

4. 行进中做引枪

肩上持枪，当左脚踏上标志线时，向前跑两步完成引枪动作。

要求：

（1）可以从原地踏步（或慢跑）开始，向前两步完成引枪动作。

（2）在保持向前运动中完成引枪动作。

5. 投掷步接最后用力出枪

要求：

（1）投掷步与最后用力的衔接要紧凑、连贯，交叉步要形成良好的超越器械动作。

（2）逐渐加快投掷步节奏，尤其要掌握好第3、第4步的落地节奏。

五、学习助跑掷标枪技术

（一）教学要点

助跑轻松自然，预跑与投掷步动作衔接连贯。持枪臂稳定控制标枪，上下肢动作配合协调。

（二）教学方法

（1）持枪助跑。

要求：

①跑的动作要自然、节奏性强，带有弹性。

②持枪臂肩关节放松，配合下肢动作做轻微的前后摆动。

③掌握适宜的助跑速度，注意逐渐加速。

（2）持枪助跑6~8步接投掷步。

要求：助跑6~8步左脚踏上标志线开始引枪，用两步完成引枪动作，并不间断地进入投掷步。

（3）短（中）程助跑掷标枪。

（4）全程助跑掷标枪练习。

要求：

①助跑过渡到引枪、投掷步过渡到最后用力的衔接均应连贯，不能减速或停顿。

②初学者助跑速度不宜过快，要与最后用力技术相适应。在技术动作逐渐熟练的情况下，不断地加快助跑速度。

③出枪后要随惯性向前跨出右腿做缓冲。

六、常见错误动作的产生原因及纠正方法

（一）最后用力不通过标枪的纵轴

产生原因：

（1）握枪方法不正确。

（2）引枪后的枪尖位置过高，标枪与前臂的夹角过大或标枪离开身体。

（3）肩关节柔韧性差。

纠正方法：

（1）改正握枪方法，控制好标枪与前臂的夹角，使标枪靠近身体。

（2）多做插枪练习，体会沿标枪的纵轴用力。

（3）注意发展肩带的柔韧性。

（二）只用持枪臂的力量掷枪，没有利用下肢和躯干的力量

产生原因：

（1）交叉步太小，上体过早前移，超越器械动作不充分。

（2）对正确的用力顺序不了解。

纠正方法：

（1）明确正确的用力顺序，采用重器械、实心球、双人对抗的练习方式，体会按顺序用力的动作过程。

项目十　掷标枪

（2）反复做上一步、两步的掷枪练习，下肢要明显超越上体，右腿蹬伸送髋。

（3）以先慢后快的节奏做练习，在正确的动作基础上再逐步加快整个练习的速度。

（三）最后用力时臀部下坐，向前压体和向左倒体

产生原因：

（1）投掷步第 4 步太大，右腿蹬地力量不足。

（2）投掷步第 4 步落地足尖外展。

（3）投掷步第 4 步左脚着地慢。

纠正方法：

（1）在地上画好第 3、第 4 步的两脚落地点标志，严格按标志做，改正两脚着地部位及着地动作。

（2）要求第 4 步以脚掌内侧积极插撑着地，注意足尖内扣，形成正确有力的支撑制动动作。

（3）反复做交叉步和最后 1 步左脚快速落地练习。

（四）最后用力出现停顿现象

产生原因：

（1）投掷步第 4 步步子太大，左脚落地太慢。

（2）发力时机不对，"满弓"转肩翻肘动作完成过迟。

纠正方法：

（1）加大交叉步步长，缩短第 4 步步长，按地上画好的标志线进行练习。

（2）改进第 4 步左脚前迈的路线及落地动作。

（3）反复做交叉步接最后用力的练习。

任务三　掷标枪训练的内容与方法

掷标枪属器械轻而技术比较复杂的项目，它通过训练培养运动员的快速爆发力和高度协调能力，并且在发展和提高专项快速力量的同时不断完善技术。

一、身体训练

根据掷标枪的特点，标枪运动员的身体训练主要是发展力量、速度、柔韧性与灵敏性等素质。

（一）发展力量

1. 力量训练的要求

（1）全面均衡的力量训练。力量是标枪运动员的基本素质，它要求运动员身体各部位的大小肌肉群力量都要得到全面和均衡的发展。

（2）快速力量训练。掷标枪要求运动员在尽可能短的时间内发挥出最大的力量。所以，它不仅要求运动员具有一般的力量，更要求运动员具有快速力量。

（3）结合专项的力量训练。选用的力量练习，其用力性质和用力特点必须与掷标枪的技术结构相一致。

（4）结合大幅度的伸展练习。在进行力量训练时，应尽量避免因重量的加大而降低完成动作的速度和减小动作的幅度。在力量训练后，应安排一些快速的、大幅度的伸展练习，以加强肌肉的弹性。

2. 力量训练的手段

（1）沙袋、实心球练习。

①单、双手原地、上步从头后向前投掷。

②跪投或上体后仰后向前投掷。

③在跳箱上做仰卧起坐或俯卧做上体仰起挺胸抬头。

（2）杠铃练习。

①抓举、挺举、快速跳举。

②负重下蹲、转体、屈体。

③坐姿，双手头后拉举。

（3）橡皮带练习。

①仰卧头后拉引。

②上步拉成"满弓"。

（4）跳跃练习。

①立定跳远、立定三级跳远、多级跳。

②跳深坑、跳栏架。

（5）标枪投掷动作的练习。

①投垒球、小球（300 克）。

②投标枪（女子 400 克、500 克、600 克及 700 克，男子 600 克、700 克、800 克及 900 克）。

项目十 掷标枪

（二）发展速度

1. 速度训练的要求

标枪运动员的速度训练，主要包括身体位移速度的训练和完成单个动作速度的训练。

要重视加强跑速的训练。发展跑速时还应与掌握持枪助跑、引枪及投掷步技术相结合。在发展单个动作速度时，必须与技术训练相结合，做到练习动作与完整技术的用力结构和用力顺序相一致。

2. 速度训练的手段

（1）跑的专门练习。

（2）持枪助跑（要结合引枪、投掷步）。

（3）轻器械的投掷练习。

（三）发展柔韧性和灵活性

掷标枪的快速大幅度动作对柔韧性的要求比其他投掷项目要高，良好的柔韧性和灵活性对防止伤害事故发生有重要的作用。

1. 柔韧性和灵活性训练的要求

（1）加强与投掷用力有关环节的伸展与旋转的训练。掷标枪对肩关节的动作幅度要求最高，因此，要突出肩带肌群、韧带的伸展和旋转的训练。

（2）注意循序渐进地训练。对柔韧性练习的幅度要求应该是逐步提高的，不能操之过急，否则容易造成软组织的损伤。

2. 柔韧性训练的手段

（1）压转肩关节的练习。

①双手握肋木压、转肩。

②双手握棒前后翻转肩。

③单杠悬垂翻转肩。

（2）拉伸肩关节的练习。

①橡皮筋或同伴拉手做"满弓"。

②背靠肋木，两臂上举手握肋木，挺胸展体抬头成桥。

（3）负重转体、屈体、侧屈体伸展腰椎关节的练习。

（四）各项身体素质的全面协调发展

对青少年运动员来说，应该在全面身体训练的基础上，重点突出上述几个方面的训练内容。年龄越小，全面身体训练的比重就越大；随着训练水平的提高，逐步加大专项训练的比重。但是，不论在哪个训练阶段，都应始终注意各项身体素质的全面、均衡、协调发展，特别是要加强较弱素质的训练。

二、技术训练

技术训练应贯穿训练的始终，对不同年龄阶段的少年儿童的技术训练应提出有所侧重的要求。通过较系统的训练，应使运动员在掌握正确掷标枪技术的基础上，不断完善并形成个人的特点。

（一）训练方法

技术训练的手段参见教学部分的各种练习。

（二）注意事项

（1）重视正确的基本技术训练。对青少年运动员来说，基本技术一定要规范，因为错误定型后就难以改正。

（2）要重视薄弱技术的训练。对不同的对象应有不同的重点技术环节要求，应根据技术结构来划分各部分技术的重点、关键点和难点，有针对性地进行分析，找出薄弱环节，选择正确的练习手段。

思考与作业题

1. 掷标枪的完整技术由哪几部分组成？试述最后用力的技术要点。
2. 说一说掷标枪技术的教学步骤，以及每一步骤的教学要点。
3. 在掷标枪技术教学中，常见错误有哪些？其产生的原因及解决方法有哪些？
4. 简要说说掷标枪运动员训练的主要内容与方法。

项目十一　马拉松

项目十一　马拉松

【学习指导】马拉松比赛共设4个比赛项目，分别是全程、半程、10千米和迷你马拉松。其中，全程马拉松42.195千米、半程马拉松21.0975千米、迷你马拉松约5千米。马拉松是长时间、长距离的极限负荷的周期性运动项目。完整的马拉松技术由起跑、起跑后加速跑、途中跑和终点跑、特殊路线跑等技术组成。其中，途中跑在完整技术中占主要地位，途中跑技术的优劣和能力的强弱对马拉松成绩的影响最大。同时，也不可忽视起跑、起跑后加速跑和终点跑在完整技术中的重要作用。

马拉松的教学首先应从途中跑技术着手，重点抓好跑步的协调性、经济性、稳定性、节奏性。途中跑技术的教学一般采用分解教学与完整教学相结合的方法。其他技术环节一般采用完整教学法，在完整教学时要突出重点。

马拉松训练的目的是提高身体素质，提高跑的技术，培养顽强的意志品质，通过合理地运用战术来创造优异的运动成绩。为了实现这个目标，必须遵循运动训练的基本原理，结合马拉松项目的特点，进行多年系统的训练，合理安排训练内容与方法手段，科学地控制训练负荷，及时解决训练中出现的各种问题。

任务一　马拉松技术

马拉松的技术与短跑的技术基本上是相同的，但由于距离不同，在技术动作的速度和幅度及用力程度上有所不同。对长距离跑的一般要求是身体重心位移平稳，动作实效、经济、轻松、自然，并保持良好的节奏。长距离跑项目的完整技术包括起跑、起跑后加速跑、途中跑和终点跑等主要技术环节。

一、起跑和起跑后加速跑

长距离采用站立式起跑。当运动员听到"各就位"的口令后，两脚前后站立，前脚跟与后脚尖距离约一脚长，左右间隔约半脚，重心落在前腿上，后腿用前脚掌点地支撑。手臂的动作有两种：一种是两臂一前一后，另一种是两臂在体前自然下垂（如图 11-1 所示）。两腿弯曲，上体前倾，颈部放松，目视前方 5～10 米处，注意听枪声。听到枪声后，两臂配合两腿的蹬摆做快而有力的前后摆动，使身体快速向前冲出（如图 11-2 所示），过渡到起跑后的加速跑阶段。加速跑应在短时间内达到预定速度。加速跑的距离因项目、个人能力及战术而定。在规则允许的范围内，抢占有利的战术位置，然后进入有节奏的途中跑。

图 11-1　手臂动作　　　　　　　图 11-2　起跑

二、途中跑

途中跑是决定运动成绩的主要环节。途中跑应强调动作的经济性和实效性，以及速度节奏控制的合理性，使机体消耗最少的能量而做最大的功。

（一）后蹬与前摆

在一个跑的周期中，当身体重心移过支点上方时，开始后蹬与前摆动作。在摆动腿膝关节迅速有力地向前摆出，带动同侧髋前送的同时，后蹬腿的三个主要关节迅速蹬伸，用力顺序是伸髋、伸膝、伸踝，经脚趾蹬离地面（如图 11-3②—④所示）。后蹬结束时，后蹬腿膝关节不是完全伸直的，角度一般为 160°～170°，同时支撑腿髋部向前顶送，为摆动腿大腿带动小腿积极向前方摆动提供支撑并为身体重心向前移动创造有利条件。摆动腿大腿前摆时，小腿要放松并且自然下垂，着地要积极。

（二）腾空

后蹬腿蹬离地面后，身体进入腾空阶段。腾空时，后蹬腿放松，以髋带动大腿，顺惯性大小腿自然折叠并顺势向前方摆出（如图 11-3⑤—⑦所示）。优秀运动员的技术特征是大小腿折叠与前摆同步进行，缩短了摆动半径，加快了摆动角速度。

项目十一 马拉松

图 11-3

（三）着地与缓冲

脚着地前，摆动腿大腿积极下压，小腿顺势前摆，用前脚掌或前脚掌外侧先着地，主动向后用力做"扒地"动作（如图 11-3⑧—⑨所示）。优秀运动员脚着地点与身体重心投影点间距离为 20～30 厘米。着地后髋、膝、踝屈曲压缩，以减缓着地瞬间的阻力。同时重心顺势前移，为后蹬创造条件。

（四）上体姿势与摆臂动作

上体正直或稍前倾，头颈部肌肉自然放松，两眼平视，两手半握拳，两臂弯曲前摆，与上臂约成 90°角，两肩放松，以肩为轴前后自然摆动。摆幅随跑速变化而适当变化。

三、终点跑

终点跑是各项目跑全程结束前的最后一段距离的冲刺跑，也是相对于途中跑的一段快速跑。终点跑的距离要根据比赛项目、训练水平、个人特点、战术需要及比赛的具体情况来确定。一般情况下，速度占优势的运动员，往往在跟随跑的前提下，在进入最后 1 千米或者更短的最后 400 米、100 米开始做最后冲刺以超越对手；耐力好的运动员，多采用更长段落的加速冲刺跑。在冲刺跑前，注意观察对手的情况，抢占有利的位置，动员全部能量冲过终点。冲刺时，加大躯干的前倾角度，加大摆臂幅度和频率，上肢带动下肢，用强大的意志力坚持，冲过终点。终点撞线技术与短跑撞线技术相同。

四、特殊路线的跑步技术

马拉松由于距离长，且在地形不一的公路上进行，在技术上还有些自身的特点。要善于在地形起伏的公路上改变跑的动作。在平坦的路面跑进时，上体微向前倾或正直。后蹬的力量较小，大腿向前上方的摆动比较低。从外形上看，蹬地后小腿向上摆的动作比长跑小些。脚的落地点离身体重心投影点较近，并且用全脚掌或脚的外侧先着地，再过渡到全脚掌，着地时应柔和而有弹性，腿应很好地弯曲、缓冲。两臂的摆动要自然，幅度不要过大。

在加速跑、终点冲刺和上坡跑时，身体应前倾些，步长可缩短，步频应加快，两臂要积极摆动带动下肢协调跑进，以利于跑速的提高。在下坡跑时，步长可稍大些，可用全脚掌或脚跟着地（坡度较陡时），上体稍后仰，要控制跑速（保持适宜的步长与步频）。步长与步频应结合运动员的训练水平、身高、体重来确定，并根据途中地形的不同而进行调整，以保证用比较均匀的速度跑完全程。

五、呼吸节奏调控

长距离跑人体能量消耗较大，机体需要更多的氧气来维持需氧量和供氧量的平衡。为了改善气体交换与血液循环的条件，应注意呼吸的节奏。呼吸的节奏取决于个人特点和跑的速度。一般是跑2步或3步一呼气，跑2步或3步一吸气。随着跑速的提高，呼吸频率也相应加快。随着疲劳的出现，应着重加深呼气，只有充分呼出二氧化碳，才能充分吸进新鲜氧气。在强度大、竞争激烈的情况下，应采用半张口与鼻同时呼吸来最大限度地满足机体对氧气的需要。

六、速度节奏调控

长距离跑除了因战术的需要改变跑的速度节奏外，一般多采用匀速跑。匀速跑可为肌肉和内脏器官的活动创造有利的条件，并能推迟疲劳的出现。但长时间用一种节奏跑会使运动员感到单调，也不能适应现代马拉松激烈竞争的需要，因此应掌握多种节奏跑的方法。

任务二 马拉松教学

马拉松属于长时间长距离的极限运动，非常辛苦，在教学中，要加强对学生的

项目十一 马拉松

思想教育和心理素质训练，培养其不怕困难和吃苦耐劳的精神。技术教学一般采用完整教学法，以学习途中跑技术为主要内容。在教学过程中，应采取多种教学形式与练习方法，调动学生学习的积极性。

一、马拉松的教学步骤与方法

（一）使学生初步了解马拉松的技术和基本知识

（1）通过讲解、示范、技术图片、电影等方式介绍马拉松的技术特点与价值。

（2）学生用中等强度跑一次规定的距离。如男生中速跑 200～350 米，女生中速跑 150～250 米，跑 2～3 次，体会跑马拉松的技术动作。

（3）学生根据自己的实际体能情况跑完规定的距离（800 米、1500 米、3000 米），体会马拉松分段跑的技术。

（4）注意事项。

①教学之前应充分了解学生的体质健康状况，对马拉松的教学过程可能会出现的问题要做好应对措施。

②通过对开始阶段的马拉松教学来了解学生跑的情况，为后续的马拉松教学做参考。

（二）学习途中跑的技术

在全身动作协调配合的情况下，让学生领会并掌握马拉松技术与合理的呼吸方法，掌握合理的体能分配，进行意志品质的培养教育。

（1）匀速跑 80～150 米。

（2）加速跑 80～150 米。

（3）加速跑—匀速跑—加速跑—加速跑后的惯性跑。

（4）匀速定时跑、变速跑和接力跑游戏。

（5）反复跑。

（6）在匀速跑的基础上转入加速跑，最后冲刺跑，距离 800～1500 米。

（7）注意事项。

①应使学生领会并掌握在跑马拉松的过程中，某段规定距离上的快跑技术。马拉松并非完全慢跑或中速跑的技术。

②教学中应经常提醒学生注意自身跑的动作，为了便于观察学生跑的技术，练习时学生跑的间隔距离要以利于教师观察为好。针对个体差异，要区别对待，及时调整运动量与强度并提出改进的意见。跑的技术教学以先直道后弯道的形式进行。

③教学过程中应注意调动学生学习的积极性，并控制好运动量。可根据学生的

个体差异运用不同的教学方法并安排适宜的运动量。进行较为合理的分组教学,以脉搏、学生的自我感觉以及教师经验等有效控制运动量与强度。分组时最好指定领跑者,互相配对伴跑,以大多数人能跑下来的速度进行练习,在跑程的最后一段再根据个人体能进行加速跑。总之,教学应以能调动学生练习的积极性为主要手段,使其掌握途中跑技术。

(三) 学习站立式起跑和起跑后的加速跑技术

(1) 讲解并示范站立式起跑的技术要点。

(2) 让每个学生体会站立式起跑的技术要点。

(3) 原地站立,直体前倾后顺势跑出,保持身体前倾姿势加速跑 30~50 米。

(4) 个人或分组在直道或弯道上按口令做站立式起跑和起跑后的加速跑 60~150 米。

(四) 掌握并改进马拉松的技术

(1) 按水平的高低分组进行各种形式的跑的练习。

(2) 以水平大致相同分组进行匀速跑 400~1600 米。

(3) 以学生自己的体能分配方案跑:男生 1600~3000 米,女生 400~1600 米。

(4) 技术评定与测验:依教学大纲进行。

(5) 注意事项。

①以某一距离跑为全程教学时,重在注意跑的技术与感受,不能强度太大,要注意合理分配体能、跑的节奏和运用战术等。

②有较好的比赛机会时,可组织学生观摩比赛,并及时分析运动员在比赛中的技战术等,从而深刻理解马拉松项目。

③如果条件允许,可以把每个学生练习的技术拍摄下来进行分析与讨论,以利于改进与提高马拉松的技术,培养学生的分析能力并提高教学效果。

二、马拉松教学中的常见错误动作及其产生的原因和纠正方法

(一) 跑的整体动作效果不好

1. 产生原因

其原因是多方面的,例如,动作紧张、僵硬、不协调,消耗过多的体能;身体重心左右波动或跑进方向重心起伏过大,学生对身体重心在跑时要平稳的重要性认

项目十一　马拉松

识不足，脚着地时成"外八字形"或两腿力量不一样大；摆臂动作不符合运动原理或动作幅度不等；后蹬角度偏大，跳着跑，头部姿势不正确；对步长与步频的合理配合的重要性认识不够等。

2. 纠正方法

让学生充分理解并认识到身体重心在跑进方向上平稳的重要性。练习时注意膝关节向正前方摆动，以脚在分道线上着地来进行练习（直线段），不要有"外八字脚"现象，尤其是在练习疲劳应时刻注意此问题；加强腿与臂的力量对称练习和四肢等全身动作协调配合；眼看着前方的标记跑，做到目光与标记保持一定的平行位置，避免跑时重心起伏过大，应让学生领会步长与步频在跑马拉松中的合理比值的重要性，切勿突然加大步长或加快步频。

（二）后蹬无力，坐着跑

1. 产生原因

技术要领未掌握，腿部和踝关节的力量不够，关节的灵活性和柔韧性差，相关动作不协调。

2. 纠正方法

讲解与示范，使学生理解运动技术关键与要领；多做单足交换跳、跨栏跳、上坡跑、单脚跳和各种弹跳练习，并在练习时注意摆动腿大腿前摆带动同侧髋部前送的动作；加强腰、腹、肩带等力量与柔韧性练习；注意增强脚掌肌肉的力量与脚掌在后蹬结束的瞬间蹬离地面的作用；多做有关部位的动作协调练习。

（三）脚落地太重，跑时没有弹性

1. 产生原因

脚着地方法不对，脚掌踝关节力量差。

2. 纠正方法

做小步跑和高抬腿跑过渡到加速跑练习；加强小腿、脚掌肌肉和踝关节力量练习。

三、马拉松的教学进度

马拉松教学单元共 4 次课（8 学时），主要以途中跑技术教学为主，着重改进跑的技术与提高跑的能力。通过本单元的教学，使学生掌握马拉松的基本理论知识、基本技术和教学与训练方法（见表 11-1）。

表 11-1　体育教育专业田径普修马拉松教学进度

课次	教学内容	主要练习手段	教学重点与难点
1	①介绍马拉松的发展概况 ②学习途中跑技术 ③"极点"现象的克服	①讲解与图示 ②匀速跑	①重点：马拉松途中跑的技术与呼吸方法 ②难点：跑的节奏与呼吸节奏的协调配合
2	①复习途中跑技术 ②学习站立式和起跑后的加速跑技术	①匀速跑 ②站立式起跑与加速跑 ③变速跑	①重点：站立式起跑后的加速跑（抢道切入技术） ②难点：跑的节奏与协调放松技术
3	①复习起跑和加速跑技术 ②改进马拉松的完整技术 ③学习终点跑的技术 ④马拉松的体力分配	①匀加速跑（站立式起跑开始） ② 800 米或 2000 米跑	①重点：800 米或 2000 米跑的技术和战术 ②难点：跑的节奏与战术配合
4	①掌握和改进马拉松技术 ②达标与技评考试	① 400～2000 米节奏跑 ②达标与技评	根据不同项目特点和个体特点安排战术

任务三　马拉松训练的内容与方法

马拉松训练的目的是提高身体素质，提高跑的技术，培养顽强的意志品质，通过合理地运用战术来创造优异的运动成绩。为了实现这个目标，必须遵循运动训练原理，并结合马拉松项目的特点，进行多年系统的训练，合理安排训练内容与方法手段，科学地控制训练负荷，及时解决训练中出现的问题。

一、马拉松训练要点

（一）马拉松技术训练要点

1. 起跑和起跑后加速跑技术训练要点

站立式起跑，听到"各就位"时，两脚前后开立站在起跑线后，有力脚支撑在前，两脚前后距离约 1 脚，左右间隔约半脚。上体前倾，重心大部分落在前支撑脚上，颈部自然放松，两眼稍前视，两臂自然下垂或一前一后，保持稳定姿势。起跑

项目十一 马拉松

后,两臂积极迅速摆动,配合两腿积极蹬摆,逐渐加速,上体逐渐抬起,达到较快的速度后进入预定的战术位置并转入途中跑。

2. **途中跑技术训练要点**

上肢、大小臂自然屈曲约成直角,肩肘放松,以肩为轴做前后适度摆动,以保持身体平衡。上体正直或稍前倾,头部与躯干成一直线,颈部放松,两眼平视;下肢、大腿前摆积极快速向前送髋,前摆至适宜高度积极快速下压,小腿积极落地,与地面几乎成直角,脚形成"扒地"动作,着地后快速缓冲转入后蹬,后蹬积极送髋,快速伸展各关节。

3. **终点冲刺技术训练要点**

在距离终点的适当距离(100~250米)时,尽力加大摆臂动作,加快步频,加大步幅,用可能达到的最快速度向终点一冲到底。

4. **跑的节奏技术训练要点**

呼吸节奏配合腿部动作,用口鼻同时呼吸,并保持适宜的呼吸节奏。动作节奏以速度及对速度的感觉为基础,采用自然步长进行练习,确定适宜的个人步频、步幅,形成良好的跑步节奏。

(二)马拉松运动负荷训练要点

马拉松是周期性速度耐力运动项目,速度耐力是马拉松项目的突出特征。以有氧训练为基础,以个体乳酸阈与乳酸耐受能力为核心来实施训练,同时高度重视多种竞速能力的协同发展和互补作用。马拉松运动员个体乳酸阈水平对提高其专项速度,尤其是对提高马拉松运动员最后冲刺速度的效果是显著的,同时对改善运动员血乳酸的代谢能力和提高氧的利用能力的效果也是较好的。利用血乳酸控制专项速度能力训练,提高血乳酸的产生能力和耐受能力,对马拉松取得优异成绩尤为重要。在进行乳酸耐受能力训练时,以血乳酸值高于20.0毫摩/升而接近30.0毫摩/升为宜,这样才更适合实际比赛的需要。可用段落短、强度大的全力跑发展最大乳酸产生能力,用接近专项段落、密度大的间歇跑提高乳酸的耐受能力。

二、马拉松周训练计划

周训练计划(多采用7天)是最常用的、典型的小周期训练计划。如表11-2,为准备期基本训练周计划安排范例。它由数次训练课组成,是训练过程中相对完整而又经常重复的单位。根据周训练计划的任务及训练内容的不同可分为基本训练周、赛前期诱导周、比赛周与恢复周等类型。为适应不同任务而制订的各种相应的周训练计划也表现出不同的特点。

制订周训练计划一般包括以下内容:根据训练时期和阶段的训练任务、训练内容、负荷量要求等基本周实际情况确定周训练的任务、训练次数和时间,以及各训练课的任务、主要训练内容和负荷量等。

表11-2 准备期基本训练周计划安排范例

星期	主要内容安排
星期一	准备活动跑3～5千米,一般发展练习。加速跑(5～10)×100米或(3～6)×150米。长段落反复跑1～3千米。总量为4～8千米,男子跑的速度为每千米3′10″至3′20″完成,女子每千米3′35″至3′50″完成;可用相同段落或不同长度的段落,间歇4～6分钟
星期二	匀速越野跑:男子15～20千米,女子12～14千米,一般发展性练习
星期三	匀速越野跑:男子12～15千米,女子8～10千米。男子的速度约为每千米3′50″完成,女子约为每千米4′20″完成。一般发展性练习
星期四	慢速越野跑和一般发展性练习
星期五	与星期一基本相同,或用不同长度的段落组合
星期六	与星期二基本相同,要求负荷量相对星期二大一些
星期日	休息

准备期开始2～3周后,可在早操训练课中进行慢跑和总量1千米的短距离加速跑(如100米×10),用以保持快速跑的速度感,改进跑的节奏技术。同时可逐步增加一些检查跑,如男子跑10～20千米,女子跑5～10千米。总体来说,这一阶段的训练既要增加训练量,又要使训练强度有所提高,总量近似极限水平。有氧—无氧混合代谢跑量,中跑运动员占50%～60%,长跑运动员占60%～70%;以无氧训练为主的跑量占1%～3%。一周训练10～14次。周跑量:男子运动员为140～220千米,女子为120～190千米。

三、马拉松常用的训练方法和手段

(一)重复训练法

练习方法:跑的段落为200～1000米,2～5组,每组2～4次。每次课跑的总距离:中跑不超过比赛距离的3～6倍,长跑不超过比赛距离的2～3倍。

练习要求:强度以该段落个人最好成绩的85%～90%为宜;每次间歇时间1分30秒～3分,属于耐受乳酸能力练习;若间歇时间为3～10分,则属于乳酸产生能力练习,这种练习强度很大,每周安排不应超过3～4次,每组之间恢复时间要长。

项目十一　马拉松

练习作用：发展乳酸代谢供能能力。

（二）循环训练法

练习方法：根据训练的具体任务，有目的地建立几个或多个练习站，每个站由一个或几个与发展一般耐力或专项耐力有关的练习组成。使运动员按规定的顺序、路线，每站所规定的练习数量、方法和要求，一站一站地进行练习，可循环一周或几周。如连续跑台阶→快挺轻杠铃15次→负重半蹲15次→1分钟立卧撑→肋木收腹举腿20次。

练习要求：注意保持动作的正确与连贯性，组与组之间有较长的休息时间。此方法主要用于中跑训练，一周内可采用一次。

练习作用：发展力量素质与无氧代谢供能能力。

（三）比赛训练法

练习方法：检查性测验，距离为比赛距离的1/4～1/5，重复次数为1～3次；或参加小型比赛。

练习要求：强度为该段落最快速度的95%～100%；600～2000米检查跑时，可另增1～2个200～400米跑，以提高终点冲刺跑的能力。

练习作用：赛前强化训练，增加比赛经验。

（四）越野跑

练习方法：在树林、大道、公路和田间小路上练习，总持续时间为1～2小时。

练习要求：以匀速慢跑为主，强度为40%～60%，要求放松自然；强度以每千米5～6分为宜；跑后即刻脉搏应在120～140次/分。

练习作用：发展有氧代谢供能能力，初学者及赛后或伤后的恢复训练期常用。

（五）定时匀速跑

练习方法：在树林、大道、公路和田间小路上练习，总持续时间为30分钟～1小时。

练习要求：跑时注意呼吸方法，保持必要的速度；强度以每千米4～5分钟为宜。其中，优秀男子运动员应为每千米3分30秒～4分完成，优秀女子运动员应为每千米4分～4分30秒完成；跑后即刻脉搏应在150～170次/分。

练习作用：发展有氧—无氧混合代谢供能能力。

（六）法特莱克跑

练习方法：在自然条件下（如在草地、树林、小径等地）的快慢间歇跑、重复跑、加速跑和走等练习不规则地混合在速度游戏练习中。跑的距离一般为 5～15 千米。

练习要求：以匀速跑为主，跑的强度、加速跑的时间、间歇及休息形式由运动员个人根据身体感觉和训练任务来决定。

练习作用：适合于不同水平运动员的有氧代谢与无氧代谢供能能力训练。

（七）长段落间歇跑

练习方法：段落距离为 1～3 千米，重复次数 6～10 次，总距离 6～20 千米，段落跑的时间为 3～10 分钟。

练习要求：心率以 170～190 次/分为宜，其中准备期以 170～180 次/分为宜，竞赛期以 180～190 次/分为宜；强度男子以每千米 3 分 ±10 秒为宜，女子以每千米 3 分 30 ±10 秒为宜；间歇时间以心率恢复至 120～140 次/分为准，一般为 3～10 分钟。

练习作用：发展最大有氧代谢能力。

（八）分段间歇跑

练习方法：分段距离为 400～2000 米；每次跑之间以慢跑恢复，其距离相当于跑的距离；重复次数较多，分 4～6 组进行。

练习要求：注意保持轻松自然的动作，组与组之间有较长的休息时间。此方法主要用于中跑训练，一周内可采用一次。

练习作用：发展无氧代谢供能能力。

（九）阶梯跑

练习方法：沿运动场台阶或楼梯进行向上的台阶跑，可逐级或越级进行。40～60 级为一组；每次跑之间以向下慢跑恢复，做 6～10 组。

练习要求：注意保持轻松、快速的动作，组与组之间有较长的休息时间。此方法主要用于中跑训练，一周内可采用一次。

练习作用：发展速度力量与无氧代谢供能能力。

（十）上下坡跑

练习方法：上坡跑时，身体应前倾些，步长可缩短，步频应加快，两臂要积极摆动带动下肢协调跑进，以利于跑速的提高。在下坡跑时，步长可稍大些，可用全脚掌或脚跟着地（坡度较陡时），上体稍后仰，要保持适宜的步长与步频，控制跑速。段落距离 30～100 米为一组；每次跑之间以慢跑恢复，其距离相当于跑的距离；重复次数较多，分 3～6 组进行。

练习要求：注意保持轻松自如、快速的动作，组与组之间有较长的休息时间。此方法主要用于中跑训练，一周内可采用一次。

练习作用：发展腿部力量与无氧代谢供能能力。

四、马拉松常见运动损伤机理及应对与康复方法

（一）小腿抽筋

1. 发生机理

抽筋的发生，可能与参赛者近期身体状况不好、肌肉未充分活动开等有关。不过，更多是因为马拉松活动强度太大，从而造成短时间内的肌肉痉挛。

2. 现场应对

赛事中发生小腿抽筋，首先千万不要惊慌，应逐渐减慢速度，停靠在路边休息，以免阻挡继续跑步的参赛者而发生意外。抽筋时，用手握住抽筋一侧的脚趾，用力向腿部力压，另一手向下压住膝盖，使腿伸直，重复动作，待疼痛消失时才进行按摩。

（二）膝部疼痛

1. 发生机理

马拉松赛事，长跑地点为城市公路，与常规运动场、跑道相比，路面硬度大，容易造成膝盖损伤，引起膝盖疼痛。

2. 现场应对

赛事中一旦发生膝盖疼痛，最好的处理方法就是马上停下来，中断比赛，由医务人员帮助进行局部冷敷，适当进行自我牵拉。如果参赛者坚持继续跑，建议采取慢跑，而且步幅一定要小一点。

3. 赛后康复

疼痛明显时，可用小冰块或浸过冷水的毛巾，敷在疼痛的地方，每日 2～3 次，每次 5～15 分钟。疼痛比较严重的，应该停止跑步 2～4 周，遵从医嘱口服抗炎止痛药。

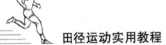

(三)脚踝疼痛

1. 发生机理

脚踝力量较差的参赛者由于跑步超过其承受范围,容易出现跟腱疼痛。

2. 现场应对

感到脚踝疼痛后,可即时改竞跑为慢跑,更不要做弹跳类动作。如果感觉很疼,应稍作休息,若仍无改善,应尽早就医治疗。

3. 赛后康复

晚间可以用热水泡脚,帮助缓解恢复。如希望加强脚踝和跟腱的力量,平时可经常跨步跳、跑台阶、跳绳,适当做杠铃练习亦可。

(四)崴脚

1. 发生机理

崴脚多数是不恰当动作造成的,会导致即时不能动,一动即剧痛。

2. 现场应对

最好马上冷敷,凉水冲或冰水泡皆可。

3. 赛后康复

24小时内绝对不能用热水洗、碰受伤之处。24小时后可进行热敷,以红花油、扶他林、按摩乳、膏药等涂抹,可缓解痛楚并散瘀。崴脚后至少休息2~3天,感到能承受后才能以慢走方式开始恢复适量活动。

(五)肩膀肌肉酸痛

1. 发生机理

肩膀酸痛实质上是肌肉疲劳的表现,多数是赛时肩膀动作僵化,摆臂不充分所致。

2. 赛前防范

长跑前充分活动肩膀,可做绕环、扩胸、押拉等动作。

五、运动后快速消除疲劳和恢复体力的方法

运动训练或体育锻炼后,如何使体力快速恢复,消除运动疲劳,提高运动成绩并改善机体系统功能,是人们普遍关注的问题,对运动实践有重要意义。

(一)运动后的整理活动

运动后的整理活动,也叫放松运动,它对消除疲劳、促进体力恢复有重要作

用。运动中一系列的生理反应并不是随着运动的停止而马上消失的。突然停止运动，不仅会影响氧和能量的持续性供应，而且会影响静脉血的回流，继而影响心输送量，造成暂时性的脑贫血、血压降低等不良现象，所以整理活动十分必要。整理活动一般应包括深呼吸运动及比较缓和的放松运动，如慢跑、行走、专项拉伸等，量不可过大，要使肌肉主动放松，使身体逐步恢复到安静状态。

（二）运动后按摩

按摩可反射性地改善和调节中枢神经的机能，消除疲劳，在运动时堆积在肌肉中的乳酸可以通过按摩尽快地被转化或排出。一般应在运动后20～30分钟后进行，开始可先做轻推摩、擦摩、揉捏、按压等，手法可随部位的不同而加以选择。运动后运动员可采用相互按摩、自我按摩或康复按摩师按摩的方式进行按摩。

（三）温水浴

温水浴（水温30℃～40℃）对心脏活动和神经系统有镇静作用，同时，适宜的温度会加速机体代谢，加速消除疲劳。

（四）供应充足的维生素和营养物质

运动训练能量消耗大，要尽快恢复体力，就必须供给运动员充足的维生素和营养物质，如糖、脂肪、蛋白质及矿物质。运动时体内消耗的物质主要从饮食中补充，加以合理的饮食制度，以帮助体力的恢复。

（五）保证充足的睡眠

充足的睡眠对消除疲劳、恢复体力是极为重要的。通过睡眠使疲劳的神经、肌肉得到休息，防止神经系统过度消耗，促进人体器官功能的恢复。

思考与作业题

1. 途中跑技术应符合哪些要求？
2. 试述"极点"产生的原因和克服方法。
3. 在马拉松的技术教学中，易犯哪些错误？试分析其原因和纠正方法。
4. 马拉松的常用训练手段有哪些？
5. 马拉松运动负荷训练要点有哪些？

田径运动实用教程

项目十二　田径运动其他项目介绍

【学习指导】了解掌握竞走项目的分类、定义。竞走技术分为下肢技术、躯干和摆臂技术。接力跑分男女100米接力、男女400米接力、男女100米混合接力、男女400米混合接力，接力跑技术可分为起跑技术和传、接棒技术，其战术主要体现在接力队员的棒次安排上。障碍跑是中长距离跑与跨越障碍相结合的田径运动项目，其中，3000米障碍跑须越过28次障碍架和7次水池，3000米障碍跑的技术包括起跑、起跑后加速跑、跨越障碍架、障碍架间途中跑和过水池的技术。撑竿跳高由持竿和持竿助跑、插穴起跳、悬垂摆体和后仰举腿、引体和转体、腾越过杆和落地等几个部分组成。三级跳远是在快速助跑下向前连续三次跳跃以获得最大远度的跳跃项目，三级跳远的完整技术由助跑、单足跳、跨步跳、跳跃4个部分组成。掷铁饼的完整技术由握法、预备姿势和预摆、旋转、最后用力和维持身体平衡几部分组成。掷链球的完整技术由握持链球、预摆姿势和预摆、旋转、最后用力和维持身体平衡等几部分组成。

男、女全能运动是由跑、跳跃和投掷中部分项目所组成的综合性运动项目，目前列为正式比赛的有男子十项全能运动和女子七项全能运动，田径竞赛规则规定两天内完成。男子十项全能运动比赛顺序为第一天——100米、跳远、推铅球、跳高、400米；第二天——110米栏、掷铁饼、撑竿跳高、掷标枪、1500米。女子七项全能运动比赛顺序为第一天——100米栏、跳高、推铅球、200米；第二天——跳远、掷标枪、800米。

任务一　竞走

竞走项目有公路项目和田径场地项目两种。奥运会只有男子20千米、50千米和女子20千米3个项目。

国际田联对竞走的技术定义为："竞走是运动员与地面保持接触、连续向前迈进的过程，没有（人眼）可见的腾空。前腿从触地瞬间至垂直部位应该伸直（即膝关节不得弯曲）。"因此，运动员必须据此定义来规范自己的技术，裁判员也必须据此定义对运动员的技术进行裁判。

竞走是单腿支撑与双腿支撑交替进行的周期性运动。在动作外形上与普通走有较大差异。与普通走比较,竞走的步长更长,步频更快。竞走的步长可达到 110～120 厘米,步频可达到 200 步/分以上,而且,竞走要求脚着地瞬间至垂直支撑阶段,支撑腿必须伸直。

竞走技术可分为下肢技术、躯干和摆臂技术。

一、下肢技术

竞走在一个单步中,分为单腿支撑和双腿支撑 2 个时期。其中,单腿支撑又可分为前支撑、垂直支撑和后支撑 3 个阶段。在单支撑阶段,另一腿处在摆动过程中,摆动过程又可分为后摆阶段、前摆阶段和双支撑阶段。(如图 12-1 所示)

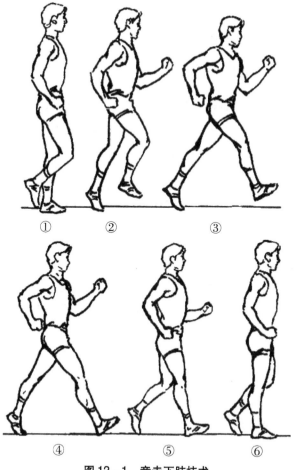

图 12-1　竞走下肢技术

（一）后支撑阶段

当身体重心移过垂直支撑阶段时，支撑腿进入后支撑阶段并开始后蹬。后蹬动作应快速有力，在即将蹬离地面的瞬间形成双支撑阶段。在后蹬过程中，骨盆应沿着身体纵轴转动，以增大步幅。

（二）后摆阶段

后蹬结束时后摆阶段开始。摆动腿迅速前移，膝关节自然弯曲，其角度大于90°；在支撑腿垂直支撑阶段，摆动腿膝关节的角度为120°左右。

（三）前摆阶段

当身体重心移过垂直支撑阶段，摆动腿即进入前摆阶段。前摆时，用大腿带动小腿积极前摆，并迅速打开膝关节；在摆动腿脚掌即将着地时，膝关节应当伸直，用脚后跟着地，形成双支撑姿势。

（四）前支撑阶段

在整个前支撑阶段要求前支撑腿必须伸直。由于前支撑阶段产生的支撑反作用力对竞走速度起阻力作用，因此，前支撑腿应迅速、柔和地从脚后跟滚动到前脚掌，并迅速、有力地完成"扒地"动作。

二、躯干和摆臂技术

（一）躯干

竞走时躯干应保持正直，两眼平视，颈部放松。躯干动作要与两臂的摆动和两腿的蹬摆相配合。竞走时的身体重心运动轨迹应尽可能沿直线前移，尽可能减小身体重心的上下起伏和左右摇摆。为保持身体平衡和身体重心轨迹接近直线前移，肩横轴应与骨盆横轴围绕着身体纵轴做反方向的转动。（如图12-2所示）

（二）摆臂技术

摆臂的作用主要是带动异侧腿的摆动并保持身体的平衡。摆臂时半握拳，屈肘约90°，以肩关节为轴，自然有力地前后摆动。前摆时拳不超过身体中线，且不高于下颌；后摆时肘稍向外，摆至上臂与地面近乎平行。两臂的摆动和两腿的蹬摆要密切配合，协调一致。

项目十二 田径运动其他项目介绍

图 12-2 竞走躯干和摆臂技术

任务二 接力跑

接力跑是田径运动中的集体径赛项目,在大型室外田径比赛中,一般设置男、女 4×100 米接力跑和男、女 4×400 米接力跑。

接力跑技术可分为起跑技术和传、接棒技术。其战术主要体现在接力队员的棒次安排上。

一、起跑技术

(一) 持棒起跑

4×100 米和 4×400 米接力跑的第一棒运动员,都采用蹲踞式起跑,通常用右手持棒。由于竞赛规则规定接力棒不得触及起跑线和起跑线前的地面,因此,一般是用右手的中指、无名指和小拇指握住接力棒的末端,用拇指和食指分开撑地,使接力棒上端微翘起。(如图 12-3 所示)

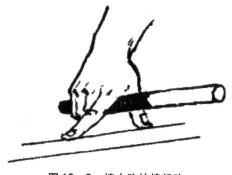

图 12-3 接力跑持棒起跑

（二）接棒运动员的起跑

1. 接棒运动员的起跑姿势

4×100 米接力跑的第二、第三、第四棒运动员多采用半蹲式或站立式的起跑姿势。接棒运动员起跑姿势的选择，取决于能否及时起跑和进入加速度跑，并能看清传棒运动员和自己设定的起动标志。一般来说，第一、第三棒运动员用右手持棒，第二、第四棒运动员用左手持棒，因此，第二、第四棒运动员应沿着跑道右半侧起跑和加速跑，第三棒运动员应沿着跑道左半侧起跑和加速跑。

4×400 米接力跑的第二、第三、第四棒运动员多采用站立式的起跑姿势。一般是站在交棒运动员持棒手臂的一侧，但要注意服从裁判员的安排并不影响其他队的跑进。交棒运动员的退出也要注意不得影响其他队的跑进。

2. 接棒运动员起动标志的确定

4×100 米接力跑的第二、第三、第四棒运动员一般起跑位置在接力预跑区内，并在起跑位置后方设置起动标志。即把前一棒运动员跑到起动标志的瞬间，作为接棒运动员起跑的信号。接棒运动员起跑位置距接力区后沿的距离和起动标志的设置距离，要根据交棒运动员最后的跑速和接棒运动员的加速跑速度来确定。原则是在进行交、接棒时，两名运动员的跑速尽可能一致，并在跑出接力区前沿之前完成交、接棒动作。当然，这要在训练中反复调整和练习后，才能达到配合默契。

二、传、接棒技术

（一）传、接棒的方法

传、接棒的方法可分为上挑式、下压式和侧身式。

1. 上挑式

接棒运动员准备接棒的手臂停止摆臂，自然后伸，手臂与躯干成 40°～45°角，掌心向后，拇指与其他四指自然张开，虎口朝下。传棒运动员将接力棒由下方向前上方"挑"送到接棒运动员手中。（如图 12-4①所示）

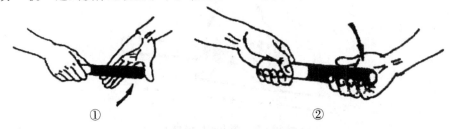

图 12-4　接力跑传、接棒的方法

此种方法的优点是接棒人手臂后伸的动作比较自然放松，易掌握。缺点是第二棒接棒后，手已握在棒的中部，这样不便于持棒快跑。另外，第三、第四棒传接棒时，棒的前端已所剩不多，所以相对容易掉棒。

2. 下压式

接棒运动员准备接棒的手臂停止摆臂，手臂尽量后伸并减少摆动，与躯干成50°~60°角，手腕内旋，掌心向上，拇指与其他四指自然张开，虎口向后。传棒运动员将棒的前端由上向下"压"送到接棒运动员手中。（如图12-4②所示）

此种方法的优点是每一次传、接棒都能握住棒的一端，便于持棒快跑。缺点是接棒人在手臂后伸时相对紧张。

在4×100米接力跑中也可以采用混合式的传、接棒方法：第一棒运动员右手持棒，沿弯道内侧跑进，用上挑式将棒传出；第二棒运动员左手接棒，沿跑道外侧跑进，用下压式将棒传出；第三棒运动员右手接棒，沿跑道内侧跑进，用上挑式将棒传到第四棒运动员的手中。

3. 侧身式

在4×400米接力跑中也有采用上挑式传、接棒方法的，但多数采用侧身式传、接棒方法。

采用侧身式传、接棒方法，一般是接棒运动员站在传棒运动员的持棒手臂的一侧，在侧身面向传棒运动员的侧向交叉步随跑过程中，传棒运动员将接力棒向前伸出，接棒运动员用靠近传棒运动员一侧的手去接棒。接棒运动员掌心向上，拇指与其他四指自然张开，虎口向后。传棒运动员将棒的前端轻微下"压"送到接棒运动员手中。

为了方便弯道跑进，一般都统一用左手接棒，中途换右手持棒跑进。

（二）传、接棒的时机

在4×100米接力跑中，在20米接力区和10米预跑区的30米内，传、接双方都能发挥出接近自己最高跑速时，为传、接棒的良好时机。一般把这一时机设计在离接力区末端3~4.50米处出现，其根据是此时传棒运动员仍处于高速之中，而接棒运动员也能加速到一定的水平。

在4×400米接力跑中，可根据每棒运动员400米的成绩来确定传、接棒的时机。一般来说，接棒运动员成绩好一些的应在接力区前端完成传、接棒动作，接棒运动员成绩差一些的应在接力区末端完成传、接棒动作。

任务三　3000米障碍跑

障碍跑是中长距离跑与跨越障碍相结合的田径运动项目。其中，3000米障碍跑须越过28次障碍架和7次水池。它不仅要求运动员具备中长跑运动员的身体素质和平跑能力,而且还要求运动员掌握正确的跨越障碍和过水池的技术。

障碍跑属高强度的运动项目,要求运动员具有较高的有氧代谢基础和很强的无氧代谢能力。障碍跑对运动员的意志品质和专项能力要求也很高。

3000米障碍跑的技术包括起跑、起跑后加速跑、跨越障碍架、障碍架间途中跑和过水池的技术。其中,起跑、起跑后加速跑、障碍架间途中跑的技术与中长距离跑的技术基本相同。

一、跨越障碍架技术

障碍架的高度为91.4厘米,其横木顶面宽度为12.7厘米。途中过障碍架主要有跨栏法和踏上跳下法两种。

(一)跨栏法

优秀障碍跑运动员大多采用跨栏法越过障碍架(如图12-5所示)。跨栏法越过障碍架的技术与400米栏技术无太大的差异,但因障碍架稳固在跑道上,碰、撞

图12-5 跨栏法跨越障碍架技术

项目十二 田径运动其他项目介绍

后不能向前倒,所以运动员心理上会对采用跨栏法越过障碍架产生一些顾虑。

障碍跑的障碍间距离较长,跑速不很快,从起跑到第一障碍架和障碍架间很难用固定的节奏和步数去跑,因此,需要运动员在途中经目测调节步长,较准确地踏上起跨点,完成跨越障碍架的任务。如果左右腿都能够很好地完成起跨和过障碍动作,则对保持跑的正确节奏和快速跨越障碍十分有利。

障碍跑跨越障碍架的起跨点一般为 1.30~1.60 米。过障碍架之前应适当加速,并考虑障碍架结构的实际,调整好起跨腿侧屈提拉过障碍和摆动腿下压的时机,以便顺利跨过障碍架。

(二) 踏上跳下法

训练水平较低的运动员一般采用踏上跳下法越过障碍。踏上跳下法越过障碍的效果较差,用这种方法越过障碍架,是用摆动腿的脚踏在障碍架的横木上进行支撑过渡,所以身体重心高,对身体前移的速度产生一定的阻力,影响过障碍的速度。

采用踏上跳下法时,在越过障碍架前,应目测起跨点,调整步长,加快节奏。当起跨腿的脚踏上起跨点时,摆动腿迅速屈膝向前上摆(如图 12-6 ①—③所示),两臂向上摆,帮助身体重心上升,当起跨腿蹬离地面后,借助蹬地的反作用力顺势屈膝上提向摆动腿靠拢,形成团身姿势(如图 12-6 ④所示),随着身体重心借惯性前移,摆动腿的脚由上而下以前脚掌轻轻踏上横木并积极迅速地屈膝缓冲,此时上体加大前倾(如图 12-6 ⑤所示)角度,起跨腿顺势过栏跳下向前跑进(如图 12-6 ⑥—⑨所示)。支撑在障碍架上的腿,在离开障碍架时不应用力蹬障碍架,只起过渡作用,这样可以保证过障碍时,缩短起跨和着地间的距离,既缩短了过栏时间又节省了能量消耗。

在实际比赛中,还有交替运用上述两种方法的,在体力充沛的前半程采用跨栏法,后半程体力下降时改用踏上跳下法。另外还可以在步点、节奏顺利的情况下用跨栏法。有时由于步点不准,竞争激烈,也有多名运动员同时或连续越过障碍,而临时改用踏上跳下法的。

二、过水池技术

过水池时,先踏上水池后沿的障碍架横木,再从障碍架上跳过水池。为减少脚在障碍架横木上的时间,加快移过支点的速度,应在距水池 15 米左右时目测起跨点,调整步长,加快跑速,以便准确地踏上起跨点,顺利地踏上池边障碍架。

当起跨腿踏上起跨点时,摆动腿的大小腿自然折叠,向前上摆动,同时双臂配合向上摆臂提肩,提高身体重心(如图 12-7 ②—③所示)。当起跨腿的脚离地后,即迅速屈膝向摆动腿靠拢。随着身体重心向上前移至最高点时,加大身体前倾度,

图 12-6　踏上跳下法跨越障碍架技术

摆动腿的脚用脚掌心柔和地踏上障碍架横木上（如图 12-7 ④—⑤所示），并迅速屈膝缓冲（如图 12-7 ⑥所示），力求减小踏障碍架时产生的阻力。随着身体重心的前移，脚向前滚动，以钉子鞋前两排钉子扒住横木的前沿（如图 12-7 ⑥—⑦所示）。当躯干移过障碍架时，支撑腿用力后蹬（如图 12-7 ⑦—⑧所示），这时起跨腿已成为摆动腿，以膝用力向前、向下摆出，形成一个跨步姿势（如图 12-7 ⑨—⑩所示），在前摆腿的脚落地前，蹬离横木的腿积极向前。当前摆腿的脚落在水池前沿时，蹬离横木的腿应摆过落地腿（如图 12-7 ⑪—⑬所示），以便继续向前跑进。整个过程，起跨—踏上横木—越过水池落地，身体重心应该形成一个比较低的抛物线，这样滞空较短，有利于快速越过水池，减轻自高处向下着地的冲击力。

项目十二　田径运动其他项目介绍

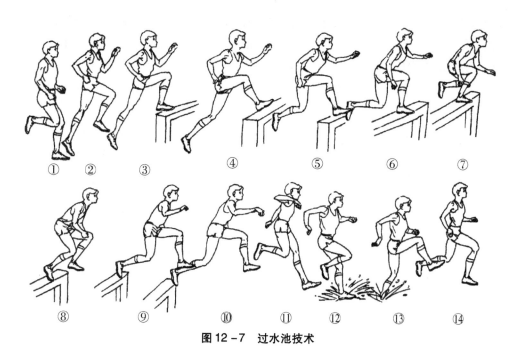

图 12-7　过水池技术

任务四　撑竿跳高

撑竿跳高是技术比较复杂的一个项目。撑竿跳高由持竿和持竿助跑、插穴起跳、悬垂摆体和后仰举腿、引体和转体、腾越过杆和落地等几个部分组成。

一、持竿和持竿助跑（以左腿起跳为例）

持竿时，两手握竿距离为80～90厘米，将竿子持于身体右侧，靠近髋部。左臂在前，左手拇指在竿下握住撑竿，右臂外旋手掌心向前虎口向下压住撑竿，使竿头朝上。

助跑距离为18～20步，开始助跑时，撑竿竿头举高，跑时两臂配合两腿动作自然地摆动，尽量减少撑竿的晃动，保持身体平衡，两腿积极后蹬，并前摆高抬，随着助跑的加速，撑竿竿头逐渐下降，到助跑最后6～4步时，加快步频，保持助跑速度，上体正直，准备插穴起跳。

二、插穴起跳

插穴起跳是撑竿跳高的关键技术环节。助跑倒数第4步时，撑竿处于水平状态。倒数第3步时，撑竿靠近右髋，竿头低于水平。在倒数第2步左腿积极后蹬，

145

右腿向前迈步的同时，右手迅速翻腕，将撑竿从体侧经右肩、耳侧向上举起，右腿（摆动腿）着地支撑后，迅速推动身体重心前移，并积极后蹬，左腿（起跳腿）快速有力地踏向起跳点，同时竿头插到穴底，并将撑竿举到头部的正上方。

起跳点在上手握竿点的投影点前15～20厘米处。起跳腿踏上起跳点后，应快速有力地蹬伸，同时两臂将撑竿向上推举，这时胸部前挺，摆动腿屈膝前摆，并带动髋部前送，右臂伸直紧握撑竿，左臂向前上方用力顶住撑竿。起跳结束时，身体形成反弓姿势，利用助跑速度和起跳力量最大限度地顶弯撑竿，同时为悬垂摆体创造有利条件。（如图12－8所示）

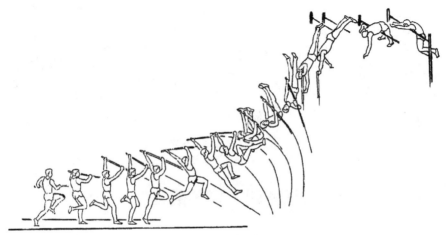

图12－8　撑竿跳高技术

三、悬垂摆体和后仰举腿

起跳离地后，身体保持起跳结束时的反弓姿势，悬垂在竿上向前摆动，然后起跳腿向前面的摆动腿靠拢，以肩为轴，迅速地屈膝、收腹、举腿和提臀，此时撑竿达到最大的弯曲。当撑竿伸直反弹时，右臂保持伸直，整个身体靠近撑竿竿轴，伸膝、伸髋，两腿向上举起，形成仰天倒悬垂姿势。

四、引体和转体

形成倒悬垂姿势后，撑竿伸直，反弹速度达到最快，此时两臂沿撑竿做有力的拉引动作，同时身体向左转体，随着身体沿撑竿向上推起，躯干和两腿向上伸展，并在竿上形成支撑倒立姿势，接着先左臂后右臂依次推离撑竿，并借助撑竿的反弹力，将身体向上弹起。

五、腾越过杆和落地

完成推杆动作后，保持两腿高举向上腾起，当大腿越过横杆时，两腿下压，含胸收腹，围绕横杆做后翻动作，当胸部到达杆上时，迅速向上抬头，甩臂，使整个身体腾越过杆。

过杆后，两臂向侧展开，维持身体平衡，保证自然放松地落在海绵垫上。

任务五　三级跳远

三级跳远是在快速助跑下向前连续三次跳跃以获得最大远度的跳跃项目。第一跳（单足跳）用起跳腿起跳，并由起跳腿落地；第二跳（跨步跳）仍由起跳腿起跳，而摆动腿落地；第三跳（跳跃）由摆动腿起跳，双腿落入沙坑。

三级跳远的完整技术由助跑、单足跳、跨步跳、跳跃4个部分组成，各部分是紧密联系的统一整体。

一、助跑

助跑的任务是在一定的助跑距离内获得最快的速度，并为准确地踏板起跳创造良好条件。

三级跳远的助跑方法与跳远基本相同。助跑逐渐加速，步长比较均匀，最后几步助跑积极加速上板，身体重心较高，上体正直或稍前倾，保持正常跑的动作结构。最后1步时，起跳腿积极快速向前放脚，摆动腿和两臂配合起跳腿自然摆动。助跑距离男子为35～45米，跑18～24步；女子为30～35米，跑16～20步。

二、第一跳（单足跳）

三级跳远的第一跳是从起跳腿踏上起跳板开始至起跳腿再次着地时结束。为了在第一跳尽量减少助跑水平速度的损失，助跑最后1步时，起跳腿应用全脚掌以积极自然的跑步动作踏向起跳板，大腿快速积极下落，脚着地时应有力地做"扒地"动作，上体正直或稍前倾，起跳腿踏板后，迅速屈膝缓冲，使上体和骨盆迅速向前移动，同时摆动腿屈膝积极前摆。

随着身体快速前移，起跳腿快速蹬伸，髋、膝、踝三关节充分伸直，摆动腿和两臂大幅度地向前上方摆动，身体迅速向上伸展。第一跳的蹬地角为60°～65°，身体重心的腾起角为14°～18°（如图12-9①—②所示）。

起跳结束后应保持短暂的腾空步姿势，随后摆动腿自然向下、后方摆动，同时起跳腿折叠前摆，在双臂的配合下，摆动腿和起跳腿完成空中换步动作。此时起跳腿在前稍高于水平面，小腿自然下垂，摆动腿在后，整个身体成跨步姿势。大多数运动员为了更好地保持助跑所获得的水平速度，采用前后摆臂的技术，位于前面的臂自然后摆，位于后面的臂经体侧摆向前上方完成与下肢换腿动作的协调配合。由于采用的跳跃方式不同，也有运动员采用双臂同时摆动的技术。（如图12-9③—⑤所示）

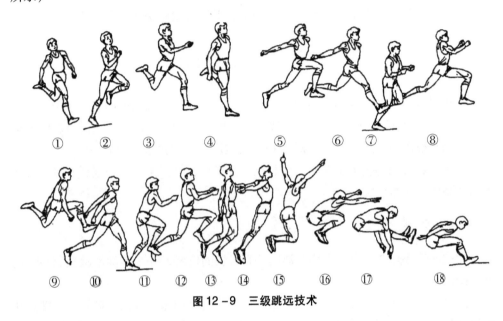

图12-9 三级跳远技术

三、第二跳（跨步跳）

第一跳腾空要为第二跳的起跳做好准备。跨步姿势后，起跳腿继续高抬，摆动腿充分后摆加大两大腿间的夹角，随着身体的下降，前摆的起跳腿积极有力地下压，小腿迅速前伸做有力的"扒地"动作，几乎是直腿以脚跟着地（如图12-9⑥所示）。起跳腿着地后迅速屈膝缓冲，身体重心快速前移，摆动腿和异侧臂有力地向前上方摆动，另一侧臂配合起跳腿向后摆动，起跳腿积极蹬地，身体迅速伸展。第二跳的蹬地角比第一跳要小，约为60°，身体重心的腾起角约为14°（如图12-9⑦所示）。

第二跳腾空后，保持跨步跳姿势的时间要较长，此时，摆动腿积极上提，上体前倾，起跳腿屈小腿后摆，两大腿间的夹角自然拉大，两臂配合跨步姿势做前后摆动，维持身体平衡。

四、第三跳（跳跃）

完成前两次跳跃后，向前运动的水平速度已明显下降，因此，第三跳的任务是利用剩余的水平速度，尽可能地去获得最高的垂直速度，争取第三跳的最大远度。

在第二跳腾空阶段，当身体重心下落时，摆动腿以大腿带动小腿，积极下压着地，并适当地进行屈膝缓冲，当身体重心接近支撑垂直部位时，起跳腿迅速蹬伸髋、膝、踝，摆动腿和双臂大幅度积极向前上摆动，促使身体向上伸展（如图12-9⑩—⑪所示）。此时，全身用力向上，以争取较大的垂直速度。第三跳的蹬地角和腾起角都比前两跳要大，分别为63°和18°。第三跳的空中动作和落地技术与跳远基本相同。

任务六　掷铁饼

掷铁饼的完整技术由握法、预备姿势和预摆、旋转、最后用力和维持身体平衡几部分组成。

一、握法（以右手投掷为例）

五指自然分开，拇指和手掌平贴于铁饼上，其余四指末节扣住铁饼边缘，手腕微屈，铁饼上缘靠于前臂，持饼臂放松自然地垂于体侧。（如图12-10所示）

图12-10　铁饼握法

二、预备姿势和预摆

（一）预备姿势

背对投掷方向站在投掷圈后沿，两脚左右分开，略宽于肩，平行或左脚尖稍许离开投掷圈后沿，站立在投掷圈中线两侧，持饼臂自然垂于体侧，做好投掷前的准备。

（二）预摆

预摆能使身体形成扭紧状态，为进入旋转创造有利条件。预摆，一般采用"左上右后"摆饼方法。

做好预备姿势后，持饼臂在体侧做前后自然摆动，当摆到体后时，体重移近右腿，然后，以身体带动持饼臂向左上方摆动，体重随之移向左腿，当铁饼摆到左上方，与肩同高时，右臂稍屈，并用左手托住铁饼，上体稍向左转。之后，持饼臂向右后方回摆，体重又向右腿移动，右腿微屈，上体略前倾，并向右后方转动，左臂自然弯曲于胸前。当右臂向右后摆动至最大限度时，利用回摆，开始进入旋转。（如图12-11所示）

图12-11　铁饼预摆

三、旋转

旋转的目的是使铁饼获得预先速度，并为最后用力创造有利条件。当预摆结束，开始进入旋转时，右腿蹬地，推动身体重心移向弯曲的左腿，此时左膝外展，左脚前脚掌支撑，以身体左侧为轴，右腿以大腿带动，脚跟贴近地面摆动，使身体转向投掷方向，持饼臂在身体后方放松地牵引着铁饼，随着围绕身体左侧轴的旋转，左腿蹬地，推动身体重心向投掷圈中心移动（如图12-12⑦—⑨所示），左腿蹬离地面后，身体进入腾空状态，在保持上体充分伸展的同时，右髋迅速向内转动，使身体进一步扭紧和超越器械（如图12-12⑪所示），然后右脚用前脚掌积极着地于投掷圈中心附近，右脚着地后，体重压在右腿上，形成右脚前脚掌支撑，以身体右侧为轴的旋转（如图12-12⑫—⑬所示），此时，左脚快速后伸外旋，以前脚掌内侧积极落地，形成投掷最后用力预备姿势（如图12-12⑭所示）。在整个旋转过程中，注意持饼臂跟着躯干、躯干跟着髋部和两腿转动，保证良好的扭紧和超越器械姿势，并保持较低的身体重心。

项目十二　田径运动其他项目介绍

图 12-12　掷铁饼技术

四、最后用力

最后用力的目的是充分利用旋转获得的速度和形成的有利姿势,在保证铁饼最大工作距离的前提下,用最快的速度将铁饼掷出。

掷铁饼的最后用力从左脚着地支撑时开始,此时右髋、右腿迅速向投掷方向转动,带动躯干和投掷臂,使铁饼以最大半径向投掷方向加速运动。身体重心向左腿移动,左侧身体形成有力的支撑,使身体带着铁饼绕左侧轴转动。当右髋转向投掷方向时,右腿积极蹬伸,并加快左肩和左臂向左转动,拉长胸部肌肉,铁饼运行到右肩后方比肩略低的地方(如图 12 - 12⑮—⑯所示),此时,右腿积极蹬转用力,推动身体重心向投掷方向移动,同时躯干继续转动,以胸带动投掷臂,用"鞭打"动作将铁饼掷出(如图 12 - 12⑰所示)。铁饼出手瞬间,应用右手食指末节拨饼,使铁饼按顺时针方向转动。铁饼出手角度为 30°~35°。

五、维持身体平衡

铁饼出手后,为防止出圈犯规,应迅速交换两腿,身体顺惯性向左转体,同时降低身体重心,以维持身体平衡。(如图 12 - 12⑱所示)

任务七 掷链球

掷链球的完整技术是由握持链球、预摆姿势和预摆、旋转、最后用力和维持身体平衡等几部分组成。

一、握持链球(以向左旋转出球为例)

左手食指、中指、无名指中节和小指末节勾握住把柄,右手指扣握在左手指的指根部,右手的拇指扣握左手食指,左手拇指扣握右手拇指,两手拇指交叉相握。(如图 12 - 13 所示)

图 12 - 13 握持链球

二、预摆姿势和预摆

（一）预摆姿势

背对投掷方向，站立在投掷区的后沿，两脚开立，左脚在靠近投掷方向中心线，右脚偏右，距离约同肩宽。两腿弯曲，上体向右转并稍前倾，体重落在右腿上。链球放在圈内靠身体的右后方，两臂伸直。

（二）预摆

预摆是使链球获得预先速度，并为进入旋转创造条件。一般预摆2～3次后进入旋转。

预摆开始，两腿稍稍蹬伸，上体向左移动，两臂牵引链球沿向前—向左—向上的弧线运行。随着链球向最高点运行，两臂逐渐屈肘，两手位于头上方，上体迅速向右转。链球经过左侧斜面最高点时，两手经头向右转动，链球从体后向右侧下方运行，此时，两臂逐渐伸直，两腿逐渐弯曲，当链球进入身体右侧前方最低点时，两腿用力蹬伸并加大身体转动动作，使链球运行速度加快，并进入第二次预摆。

三、旋 转

旋转使链球不断加速，在出手前获得较大的运行速度，并为最后用力创造条件。旋转时，一般采用三圈旋转，优秀运动员为了获得尽可能大的旋转速度，大都采用四圈旋转。

旋转过程是双脚支撑和单脚支撑交替，身体与链球同成一体，围绕身体垂直轴进行旋转的过程。

第一圈旋转接最后一次预摆开始。在最后一次预摆，当链球运行到最低点时，两腿弯曲，身体重心降低，上体与地面保持垂直，左脚以脚跟为轴，前脚掌积极向左后方转动，并逐渐蹬伸左腿。与此同时，右脚以前脚掌支撑，脚跟向外转，推动身体向左转动（如图12-14④—⑤所示）。双脚支撑转动时，肩部放松，两臂伸直，随着链球向最高点运行，左腿有力地支撑转动，背和臀部向后，以保证身体平稳地旋转。

当身体向左转至90°时，进入单脚支撑。此时，右脚离地，膝关节弯曲围绕左腿转动，当链球运行到最高点时，左脚由外侧过渡到前脚掌支撑继续转动，并由于右腿和髋部的积极转动，髋轴与肩轴交叉，形成上体扭紧状态。接着右腿落地结束第一圈旋转。（如图12-14⑥—⑨所示）

图 12-14 掷链球技术

项目十二　田径运动其他项目介绍

第二圈以后的各圈旋转，由于链球运行速度不断加速，身体重心要保持较低姿势，上体向链球旋转运行的向心方向后倾，以保证身体平稳转动。

采用四圈旋转时，第一圈以左脚前脚掌支撑原地旋转一圈，以后各圈旋转完全与前一圈相同。

四、最后用力

最后用力保证链球在尽可能大的运行速度中，脱手将链球掷出。

最后一圈旋转结束时，右脚迅速着地，在链球加速沿弧线向下运行，身体形成扭紧姿势的情况下，两腿积极蹬伸，并与背部一起有力地向上，两臂伸直稍向后倾，头部开始后仰，在链球经过体前时，两腿继续蹬伸，身体重心向左腿移动，头继续后仰，身体后倾，胸和两臂积极向左上方运动，并顺着链球运行的方向迅速有力地挥摆，当链球达到肩高位置时，松手将链球掷出（如图12-14⑲—㉒所示）。

链球出手后，继续做转体动作，或面对投掷方向迅速换腿，降低身体重心，以维持身体平衡，防止跌出投掷圈。

任务八　全能运动

男、女全能运动是由跑、跳跃和投掷中部分项目所组成的综合性运动项目。目前列为正式比赛的有男子十项全能运动和女子七项全能运动。田径竞赛规则规定，全能运动比赛必须在两天内完成。

男子十项全能运动比赛顺序为：

第一天——100米、跳远、推铅球、跳高、400米；

第二天——110米栏、掷铁饼、撑竿跳高、掷标枪、1500米。

女子七项全能运动比赛顺序为：

第一天——100米栏、跳高、推铅球、200米；

第二天——跳远、掷标枪、800米。

全能运动要求技术全面，能跑、能跳、能投掷，所组成的田径单项对身体素质要求也十分全面，力量、速度、速度耐力、灵巧性、协调性和柔韧性，都必须具有很高的发展水平。同时，这些身体素质又是田径相应单项的专项素质。因此，全能运动融身体素质、技术战术和心理素质于一体，是运动员综合能力极限挑战的运动项目，历来被称为"田径之王"，在全能运动上，这个项目上取得优异成绩的运动员都被誉为"铁人"。

男、女全能运动按固定的顺序进行比赛，比赛成绩以运动员每个单项成绩的得分相加之和来决定名次。因此，各单项自然地组成一个整体。在比赛中，任何一个单项出现失误,都会影响整个项目的成绩;若缺少一个项目,则其他项目比赛的意义也就不大了。

优秀的全能运动员力求是全能型的"十全十美"。在他们的训练中,始终贯穿着"消灭弱项"的方针。训练的指导思想以径赛项目为主体,速度为先导,跳跃和投掷项目为两翼,力量是提高整体水平的基础。

技术训练与素质训练必须紧密结合,以技术带动素质,以素质促进技术。在技术训练过程中,使相应的素质得到发展,而在发展各项素质的同时,又促进相应技术的改进和提高。

全能运动员都十分重视意志品质的培养,在训练中必须具有顽强的意志,而在比赛中更应具有争取胜利的拼搏精神。一个全能运动员必须经过5~6年甚至更长时间的顽强训练,才能取得优良的成绩。全能运动这个项目,想偶然获得成功是不太可能的。

一般来说,在全能运动员的训练中,必须解决的主要问题有:

(1)全面发展各项身体素质,协调发展主要肌肉群的力量,提高动作速度和一般耐力水平,发展灵敏性和协调性,改善柔韧性,注意放松和省力地去完成各种动作。

(2)发展专项身体素质,积极提高跑、跳跃和投掷项目所需要的专项速度和专项力量。

(3)改进和完善各项目的技术,特别是要改进和提高薄弱项目的技术。

(4)根据自身特点,掌握全能项目比赛中的各种战术。

(5)加强意志品质训练,培养吃苦耐劳、勇敢果断和顽强拼搏的精神,不断提高自信心、主动性和自我控制能力。

思考与作业题

1. 选择2~3个项目,说一说这些项目的完整技术由哪几部分组成,它们的技术关键环节是哪个部分,解说关键环节的技术要点。

2. 介绍一下什么是"全能运动",它由哪些项目组成,怎样计取比赛成绩。

项目十三　田径运动场地与竞赛常识

> 【学习指导】田径运动场地是进行教学、训练、竞赛以及开展群众性体育活动的物质条件之一。通过学习，了解半圆式田径场的结构与名称，掌握关于丈量跑道的几种方法以及田赛场地的画法和跑道的画线方法等。
>
> 田径运动权威组织有国际田径联合会（简称"国际田联"，英文缩写为IAAF）、亚洲田径协会联合会（简称"亚田联"，英文缩写为AAA）、中国田径协会（简称"中国田协"，英文缩写为CAA）。田径运动重大赛事有奥运会田径比赛、世界田径锦标赛、世界杯田径赛、国际田径巡回大奖赛（黄金大奖赛）、亚运会田径赛、全运会田径赛等。
>
> 裁判工作是运动竞赛工作的重要组成部分。田径裁判员要深入学习掌握田径运动竞赛裁判法，在赛前必须认真学习竞赛的组织方案、竞赛规程以及主要工作计划等文件，检查、熟悉场地、器材；掌握基本方法及田径竞赛规则，掌握径赛、田赛、全能运动、竞走的裁判方法，正确操作先进测量仪器设备，熟悉编排记录公告、风速测量和宣告工作，以及径赛项目各裁判组之间的联系方法。

任务一　田径运动场地

田径比赛使用的半圆式400米田径场，其弯道内沿的半径有36米、36.5米和37.898米等。国际田联刊发的《田径设施手册》认为，半圆式田径场弯道的半径在35～38米都是适宜的，并称36.5米半径的设计为"400米标准跑道"。

一、田径场地的布局与标识

（一）半圆式田径场的结构与名称

半圆式田径场的跑道由两个180°半圆形跑道和两个直段跑道组成（如图13-1所示）。

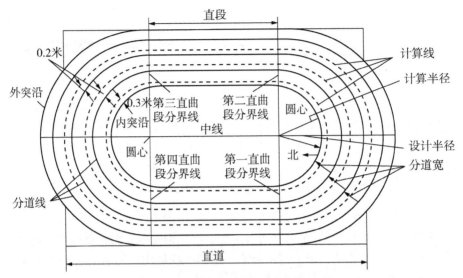

图 13-1　半圆式田径场的结构与名称

1. 圆心和纵轴线

两个半圆式跑道各有一个圆心，两圆心的连线称为纵轴线。纵轴线一般是南北方向的，它将场地分为东、西两部分，也是绘图和修建场地的基准线。

2. 内突沿和外突沿

在跑道内侧和外侧修筑的高、宽各约 5 厘米的突沿，称为内突沿和外突沿。其宽度均不计入跑道的宽度之内。

3. 直段和直道

连接两个弯道之间的直跑道称为直段，其长度与两个圆心间的距离相等。直段和向两端延伸部分共同称为直道，即直段是直道的一部分。

4. 直曲段分界线

直段与曲段（弯道）的交界线称为直曲段分界线。直曲段分界线也是分别通过两个圆心并垂直于纵轴线的两条直径。习惯上把西南角的直曲段分界线称为第一直曲段分界线，按逆时针方向依次为第二、第三、第四直曲段分界线。

5. 跑道宽、分道宽和分道线

跑道宽是指跑道的内突沿的外沿至外突沿的内沿之间的宽度，也称为跑道总宽。分道宽是指每一条跑道的宽度。分道线是跑道和跑道之间的界线，其宽度为 5 厘米，其宽度包含在内侧跑道的宽度之内。

6. 计算线

计算线是用来计算各条跑道周长的"设想线"，在场地上并不画出来。《田径竞赛规则》规定：第一道的周长应在内突沿外沿以外 0.30 米处丈量，其他各条跑道的周长应在内侧分道线外沿以外 0.20 米处丈量。

（二）田径场地布局和径赛项目起点的位置

常见的田径场地布局如图 13-2 所示。

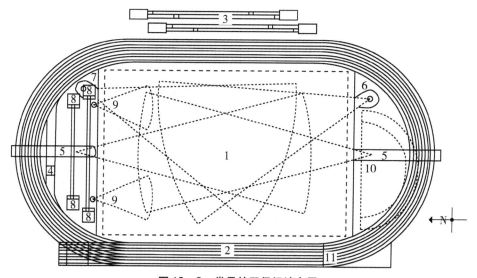

图 13-2　常见的田径场地布局

终点线也就是第一直曲段分界线。100 米、110 米栏的起跑线在第四直曲段分界线后的直道上，距终点线 100 米和 110 米。在终点线和终点线前有 800 米、400 米（4×100 米）、4×400 米的分道起跑线和 10000 米跑的不等半径的弧形起跑线和预跑线。

在第二直曲段分界线附近有等半径的 800 米和 4×400 米（第二棒运动员）的弧形抢道线、1500 米和 3000 米障碍的弧形起跑线。3000 米障碍跑使用的水池，可设置在北侧弯道的内侧或外侧（见图 13-2 中 4 的位置）。

在第三直曲段分界线及其线前有 200 米的分道起跑线和不等半径的 3000 米弧形起跑线。

跳远、三级跳远的场地常设置在跑道两个直段的外侧（见图 13-2 中 3 的位置）。跳高、撑竿跳高和推铅球场地常设置在两个弯道内的空地上（见图 13-2 中 8、9、10 的位置）。掷铁饼和掷链球的场地常常分设在两个弯道内空地的一角（必须设置护笼，见图 13-2 中 6、7 的位置），器械落地有效区在跑道的两个直段之间。掷标枪的助跑道可沿着场地纵轴线的方向，设置在两个弯道内的空地上（见图 13-2 中 5 的位置），使器械落地有效区也在跑道两个直段之间。

二、室内田径场地的规定

（1）室内田径场地最内侧跑道的周长一般为200米，弯道的半径最好不小于13米。国际田联建议弯道的半径应为11～21米。如果弯道呈斜坡状，建议其最大倾斜角不超过18°。

（2）弯道的分道至少4条，最多6条。其分道宽应为0.9～1.10米。

（3）跨栏跑距离为50米或60米，在直道上进行。除最后一栏至终点线的距离与室外不同之外，其余均相同。

任务二 田径运动权威组织

一、国际田径联合会

国际田径联合会，简称"国际田联"，英文缩写为IAAF。国际田联于1912年在瑞典的斯德哥尔摩成立。现有会员协会214个，是国际奥委会承认的、世界上最大的单项体育组织。总部设在摩纳哥。

国际田联的任务是：在世界上开展田径运动；促进会员协会之间的交流并建立友好关系；制定国际比赛的章程和规则，举办世界田径比赛；审批和确认世界田径纪录等。

国际田联的最高权力机构是代表大会。各会员协会的主席和理事可出席代表大会，但每个会员协会参会总人数不得超过3人。代表大会通常每2年举行1次。如果有1/3的会员协会提出要求，国际田联可召开特别会议。

国际田联的领导机构是理事会。理事会1名主席、4名副主席、1名名誉司库、6名地区性田联代表和15名会员协会个人代表共27人组成。

国际田联下设6个专业委员会：技术委员会、妇女委员会、竞走委员会、越野和公路赛跑委员会、老将委员会、医务委员会。

国际田联组织的主要赛事有奥运会田径比赛、世界田径锦标赛、世界杯田径赛、世界室内田径锦标赛、世界青年田径锦标赛、世界越野锦标赛、世界杯竞走赛、世界半程马拉松锦标赛、世界公路接力锦标赛、国际田径巡回大奖赛和国际越野巡回赛等。

中国田径协会于1978年加入国际田联。

二、亚洲田径协会联合会

亚洲田径协会联合会于1973年在菲律宾马尼拉成立，简称"亚田联"，英文缩

项目十三 田径运动场地与竞赛常识

写为 AAA。现有会员协会 45 个。

亚田联的最高权力机构是代表大会，每 2 年举行一次会议。理事会由代表大会选出，并主持日常工作。理事会由主席、第一副主席、4 名副主席、秘书长及 5 名理事组成，理事会任期为 4 年。

亚田联下设的委员会有技术委员会、竞走委员会、妇女委员会、医务委员会、公路越野赛跑委员会。

亚田联组织的主要赛事有亚运会田径比赛，亚洲田径锦标赛。

中国田径协会于 1978 年加入亚田联。

三、中国田径协会

中国田径协会于 1954 年成立，简称"中国田协"，英文缩写为 CAA。

中国田协是全国性群众体育组织，中华全国体育总会的团体会员。最高权力机构是全国委员会，常务委员会是执行机构，秘书处负责处理日常工作。

中国田协的职能是宣传并培养、调动群众参与田径运动的积极性；研究制定发展规划，各种管理办法和训练竞赛制度，全国竞赛计划、规则和规程；主办或委托会员单位承办全国性或国际性各类比赛；开展国际交往和技术交流；选拔和推荐国家集训队，并组织参加国际比赛；制定教练员、运动员、裁判员技术等级标准和制度；负责宣传、教育和在赛内、赛外实施对禁用药物的检查工作；组织科学研究工作。

中国田协下设的专业委员会有新闻委员会、竞赛委员会、科技助力委员会、反兴奋剂委员会、青少年委员会、运动员委员会、场地器材装备委员会、行业标准委员会、路跑委员会、教练员委员会等。

中国田协组织的主要赛事有全国田径锦标赛、全国田径冠军赛、全国室内田径锦标赛、全国马拉松锦标赛、全国马拉松冠军赛、北京国际马拉松赛、厦门国际马拉松赛、全国竞走锦标赛、全国竞走冠军赛、全国越野跑锦标赛等。

任务三　田径运动的重大赛事

一、奥运会田径比赛

奥运会田径比赛是国际奥委会和国际田联共同承办的比赛。奥运会田径比赛已经成为世界上最大、最重要的田径赛事。奥运会田径比赛每 4 年举办 1 次，到 2008 年的第 29 届奥运会，田径比赛项目已经发展到男女共 47 个项目。由于是奥运会比赛的奖牌大户，它历来受到世界各国和地区的重视。

奥运会田径比赛是世界上田径实力最强的一次大检阅，也是体现各个国家和地区体育运动发展水平的重要标志之一。世界上优秀的田径运动员都力争参加奥运会，并把夺取奥运会金牌作为自己奋斗的重要目标。

二、世界田径锦标赛

1978年10月，在国际田联第31届波多黎各会议上，正式决定主办世界田径锦标赛。锦标赛每4年举办1次。1983年在芬兰的赫尔辛基举行了第1届世界田径锦标赛。之后，1987年和1991年分别在意大利罗马和日本东京举行了第2届和第3届世界田径锦标赛。从1991年起，改为每2年举办1次。1993年在德国斯图加特举行了第4届世界田径锦标赛，至2019年已举办了17届。

世界田径锦标赛比赛时间共8天，中间休息1天。以各国家和地区的会员协会为参赛单位。参赛运动员必须达到规定的报名标准，并且每个会员协会参加每个单项的运动员不得超过3人。世界田径锦标赛的比赛项目设置与奥运会田径比赛相同。

三、世界杯田径赛

1976年7月，在第21届奥运会期间，国际田联举行了会议，并通过决议，决定举办世界杯田径赛，每2年举办1次，赛期在奥运会的前一年或后一年。1977年，在联邦德国的杜塞尔多夫举办了第1届世界杯田径赛。1979年和1981年先后在加拿大蒙特利尔和意大利罗马举办了第2届和第3届世界杯田径赛。1983年，由于国际田联举办第1届世界田径锦标赛，因此把第4届世界杯田径赛，改期到1985年在澳大利亚堪培拉举办。之后，世界杯田径赛改为每4年举办1次，赛期固定在奥运会的后一年。

与其他赛事不同，世界杯田径赛只举行决赛，且参赛队以各大洲为单位，共8个队：美国队、欧洲杯冠亚军各1队、五大洲每洲各1队。参赛运动员由所在洲田联选拔产生。世界杯田径赛规定每个比赛单项，各代表队只限1人或1个队（接力项目）参加，计前8名团体总分。

由于对参赛运动员名额限制较严，且赛期在奥运会的后一年，大多数运动员都处于调整期，因此许多运动员都不去参加比赛。世界杯田径赛受重视的程度及精彩程度都远不如后来居上的世界田径锦标赛。

四、国际田径巡回大奖赛（黄金大奖赛）

1981年，美国莫尔比石油公司赞助举办美国田径大奖赛。大奖赛丰厚的奖金激励着运动员参赛并创造优异的运动成绩。这一创举，对提高美国田径运动水平起到积极的作用，同时赞助公司也从中获得了可观的商业效益。

国际田联效仿美国田径大奖赛，举办世界田径大奖赛。从 1985 年起，每年在欧美地区举办 16 场比赛，其中包括 1 场总决赛。激烈精彩的比赛，吸引了许多媒体和赞助商。比赛组织者为回报运动员的出色表演，以高额的出场费和重奖来吸引世界顶级运动员参加比赛。

1993 年起，国际田联又决定在大奖赛中抽出 4 站举行"黄金大奖赛"。如果运动员连续 4 站获胜，可以分享 20 千克黄金（如有 2 人获胜，则 2 人分享，如 1 人获胜，则 1 人独揽）。从 1998 年起，把 4 站改为 6 站，奖金由黄金改为 100 万美元。1999 年又改为 7 站。站数增加了，运动员获胜的难度也增加了。但高额的奖金仍吸引着世界顶尖运动员参加比赛。因此，大奖赛更加激烈，更加精彩，也更加具有观赏性。

国际田联规定，运动员在大奖赛前 1 年的成绩，必须排列在世界 50 名之内，才有资格参加大奖赛。各类场次的比赛项目和地点，由国际田联理事会决定。

比赛项目：

（1）奇数年份。

男子——200 米、400 米、1500 米、5000 米、110 米栏、撑竿跳高、跳远、铁饼、标枪。

女子——100 米、800 米、3000 米、400 米栏、跳高、铅球、跳远。

（2）偶数年份。

男子——100 米、800 米、10000 米、3000 米障碍、400 米栏、跳高、三级跳远、铅球、链球。

女子——200 米、400 米、1500 米、5000 米、100 米栏、铁饼、标枪。

计分方法：总决赛的前 15 场，各场得分为第 1 名 9 分，第 2 名 7 分，第 3 名 6 分，第 4、第 5、第 6、第 7、第 8 名得分类推。

比赛中，破世界纪录加 6 分，平世界纪录加 3 分。破或平世界纪录，必须符合国际田联认可的条件。

总决赛时，各名次的得分加倍计算（包括破纪录）。每名运动员在每场比赛的 1 个单项中，只能得 1 个分数，并以参加 1 个单项的 5 场比赛的最好成绩进行累计，加上最后总决赛的得分，由此算出最后得分。

五、亚运会田径比赛

亚运会田径比赛是由亚洲奥林匹克理事会（简称"亚奥理事会"）和亚田联共同承办的比赛，其比赛项目的设置与奥运会田径比赛相同。参赛运动员必须达到报名标准，每个国家和地区在每个比赛单项的参赛人数不得超过 3 人。

与奥运会一样，亚运会是亚洲地区最高水平的综合性运动会，也是亚洲各国家和地区运动实力的大检阅，因此，也历来受到亚洲各国家和地区的重视，特别是田径比赛，由于也是亚运会的奖牌大户，因此引起了各国家和地区的高度关注。

1974 年的第 7 届亚运会，中国运动员首次出征参加比赛。但在田径比赛中，日本队处于领先地位。到 1986 年的第 10 届亚运会，中国田径运动水平有了很大的提高，一举超过日本，处于领先地位。从此，中国运动员勇往直前，逐渐拉开与各国家和地区的距离，并一直占据亚洲田坛的龙头地位。

六、全运会田径比赛

全运会田径比赛是由全运会组委会和中国田协共同承办的比赛。1959 年，在北京举办了第 1 届全运会。1965 年和 1975 年又都在北京举行了第 2 届和第 3 届全运会。之后，每 4 年举办 1 次。2017 年，在天津举办了第 13 届全运会。

全运会田径比赛，参赛运动员必须通过先期举行的预选赛，各比赛项目的前 15 名运动员才能进入全运会参加决赛。全运会田径比赛的项目设置与奥运会田径比赛相同。

为了使我国运动员在奥运会上创造成绩，从 1993 年起，把全运会安排在奥运会后 1 年举办，并每 4 年举办 1 次。

任务四　田径运动竞赛裁判法

一、赛前准备工作

为了保证运动会能顺利进行，裁判委员会在比赛前应做好以下准备工作：

（1）选聘裁判员：根据田径运动竞赛的规模和实际需要选聘裁判员。

（2）召开裁判员会议：召开全体裁判员大会，进行思想动员，布置学习计划，明确分工。

召开各裁判组会议，制订本组学习和工作计划，学习竞赛规程、田径规则，深入细致地研究裁判方法，明确每位裁判员的具体分工。

总裁判召开主裁判及有关人员会议，了解各裁判组的准备情况，及时解决存在的问题。

（3）检查并熟悉场地、器材，根据检查结果，提出修整场地和添置器材的意见。各裁判组准备好所需用具，到现场实习。

（4）竞赛委员会召开各代表队领队、教练员会议，介绍竞赛工作的筹备情况、大会和竞赛日程的安排、跳高和撑竿跳高的起跳高度和升高计划、检录和带入场内

项目十三　田径运动场地与竞赛常识

的时间、运动员和教练员注意事项。听取领队及教练员的意见，统一认识，保证竞赛工作顺利进行。

二、径赛裁判法

径赛裁判包括检录、检查、发令、计时、终点、风速测量等。各裁判组在径赛裁判长的统一领导下，相互协作，密切配合地进行工作。

（一）径赛成绩计量单位与计取方法

1. 人工计时成绩计量单位

（1）凡在跑道上举行的各项径赛的人工计取的成绩，应判读到0.01秒，然后换算成0.1秒。如100米成绩判读为11.23，应换算为11.3。

（2）部分或全部在场外举行的径赛项目，人工计取的成绩应进位换算成整秒。如马拉松比赛计取的成绩为2∶09∶44.3，应换算为2∶09∶45。

2. 径赛成绩计取方法

（1）计时应从看到发令枪发出烟或闪光开始，直到运动员的躯干（不包括头、颈、臂、手、腿和脚）的任何部分到达终点线后沿的垂直面瞬间为止。

（2）用0.01秒和秒表或人工操作的数字电子秒表，其小数点后面的第二尾数不是零时，则应进位较差的0.1秒，如11.11秒应进位成11.2秒。

（3）3只秒表中，2只秒表所计取的成绩换算后相同，应以2只秒表所示成绩为准；如3只秒表所计成绩各不相同，应以中间成绩为准；如只有2只秒表计取成绩，所示成绩又不相同时，则应以较差的成绩为正式成绩。

3. 名次判定与成绩相等的处理方法

（1）判定运动员到达终点的名次顺序，是以运动员躯干的任何部分触及终点线后沿垂直面的先后为准。

（2）在径赛的预、次、复赛中，按成绩录取最后名次时，有2人或2人以上成绩相等，如对下一赛次或决赛人数没有影响，则成绩相等的运动员都应录取；如有影响，应根据判读的0.01秒成绩处理。决赛中如第1名成绩相等，而且无法判定名次时，应令其重赛；如因故不能重赛，也可并列名次。其他名次如成绩相等，也无法判定先后名次时，则并列。

（3）径赛项目中，以决赛的成绩作为该项最后名次成绩，而不以预、次、复赛的成绩判定最后名次。

（二）径赛裁判长的职责与工作方法

（1）径赛裁判长领导检录主裁判、主发令员、检查主裁判、计时主裁判、终点主裁判以及全体径赛裁判员进行工作,并分配、决定有关径赛裁判员的工作。

(2) 认真执行规则和规程中的各项规定,处理发生于径赛中的有关问题。

(3) 处理有争议的问题。当裁判员对名次判定意见不一致时,有权决定最后名次,但不能取代裁判员或检查员的职能。

(4) 对有关径赛的抗议做出裁决。

(5) 有权对犯规或有不正当行为,或违反体育道德的运动员进行判罚。若取消其比赛资格,应报总裁判长审定。

(6) 对在比赛中受到别人影响而有损失的运动员,可使其参加另一组的比赛或下一赛次的比赛,或令该组重赛。

(7) 各项(组)比赛后,立刻审核成绩并签字。

(8) 比赛时,径赛裁判长的位置一般在终点。

(三) 检录工作

1. 任务

(1) 按竞赛日程安排的各项比赛时间和规定的各项检录时间,召集运动员到检录处检录。

(2) 按照规则规定,对运动员做好各项检查工作。

(3) 准时安全地沿着合理路线将运动员带到径赛起点,交给助理发令员控制。

(4) 协助田赛各项目的裁判员完成赛前的检录工作。

(5) 完成全能项目每天第一项的检录工作,后继项目由全能裁判员自行检录。

2. 工作方法

(1) 主裁判的职责与工作方法:负责全面工作,与编排记录组密切联系,赛前准备好工作所需物品,准确掌握好检录开始时间、结束时间和运动员到达场地的时间,带领全体裁判员布置好工作环境,拟定运动员须知和比赛检录时间、入场时间。(见表 13-1)

表 13-1 径赛检录入场时间

比赛顺序	项目	组数	比赛时间	检录时间	入场时间
1	男子 100 米预赛	28 人 4 组	8:00	7:30	7:45
2	女子 100 米预赛	28 人 4 组	8:00	7:50	8:05
3	……	……	……	……	……

(2) 裁判员的职责和工作方法：按照分工及检录时间表准时点名，分别检查运动员的号码、服装、比赛用鞋、包内物品等是否符合要求，长距离跑要分发小号码，填好起终点用表（见表13-2），带领运动员到比赛起点或各接力区，将起终点用表分别交助理发令员、终点主裁判、计时主裁判、检查主裁判，接力赛时还应将起终点用表交各接力区检查员并说明检录情况。

表13-2 径赛检录表

男
女　　　　米　赛　　　第　　组

道次	一	二	三	四	五	六	七	八
号码								
姓名								
单位								
名次								

（四）发令工作

发令工作的主要任务是组织各项径赛运动员按时进行比赛，保证每组运动员在机会均等的条件下起跑。

1. 主发令员（发令员）的职责与工作方法

（1）主发令员负责本组的全面工作。执行发令，并负责解决运动员起跑时的有关问题。

（2）发令员有权对起跑犯规的运动员予以警告。对两次起跑犯规有责任的运动员或在全能运动中对三次起跑犯规负有责任的运动员，有权取消其比赛资格。

（3）发令员在通知运动员上道前，应先与终点主裁判取得联系，待终点表示已准备就绪后，再通知运动员上道。

（4）400米和400米以下项目（包括4×100米和4×400米接力的第一棒），发令员先发出"各就位"的口令，待全体运动员身体稳定后（双手—膝必须与地面接触，双脚必须接触起跑器），再发出"预备"的口令，鸣枪的时间以运动员抬起臀部后身体稳定为准。如果运动员在完成动作时故意拖延时间或用声音或其他方式干扰比赛中的其他运动员，应判为犯规。此时，发令员应令所有运动员起立，重新开始起跑。400米以上的项目，只发出"各就位"口令，待全体运动员（双手不得触地)身体稳定后即鸣枪。发令员应在发出"各就位"口令,运动员身体稳定后,再把枪举至烟屏的中央稍下方。举枪同时将哨子放在口边,一旦发现运动员犯规,即鸣枪或鸣哨召回运动员。

2. 召回发令员的职责与工作方法

协助发令员监督参赛运动员起跑时是否犯规。如遇到犯规情况应立即鸣枪召回,并向发令员说明运动员犯规的具体情况,以发令员的决定作为最终裁决。发令员未鸣枪前,如发现运动员犯规,召回发令员绝不能鸣枪,以防误会,但可用声音召回。

3. 助理发令员的职责与工作方法

(1) 负责接受参赛运动员,根据检录表上的情况,核实运动员参赛的项目、组别、道次、号码。

(2) 正确安排运动员的道次或起跑位置,使运动员在起跑线后在大约3米的地方排好,完成这项工作后,向发令员示意一切准备就绪。如需重新起跑,应重新召集运动员。

(3) 协助发令员检查运动员是否按规定及时完成"各就位"或"预备"动作,对不符合规则要求的立即纠正。

(4) 接力赛跑时,应负责准备接力棒。4×400米接力比赛,应组织和检查各棒运动员的起跑位置和接棒顺序。

(5) 发令员、召回发令员与助理发令员的位置。

发令员的位置应能清楚地看到所有运动员的起跑动作;应使所有运动员清楚地听到口令和枪声;应使所有计时员清楚地看到发令员的动作和枪烟;如无扩音设备,发令员站的位置应与各运动员的距离大致相等。(如图13-3所示)

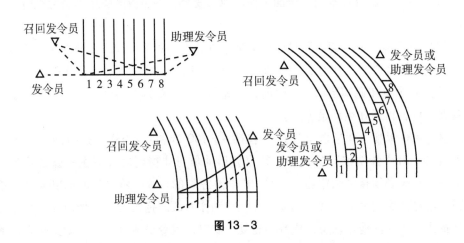

图13-3

（五）终点工作

终点裁判工作的主要任务是准确、迅速地判断径赛运动员的名次。

1. 终点主裁判的职责与工作方法

（1）领导终点裁判员判定径赛运动员的名次，并将每项、每组比赛名次表填好，签字后交终点记录员。

（2）遇到裁判员判定的名次不一致时，应与判定该名次的裁判员研究，并与自己判定的总名次核对做出决定。如仍不能解决，应报径赛裁判长解决。

（3）每项径赛比赛前，向终点裁判员宣布比赛项目、组次、赛次及组数。在每组比赛前，宣布该组运动员人数和道次。待发令员示旗后，与计时主裁判、检查主裁判取得联系，各组准备就绪后，向发令员挥旗。

（4）在径赛裁判长的领导下，会同计时主裁判共同研究并完成1500米以上距离比赛的记圈、名次判定和终点计时工作。

2. 终点裁判员的职责与工作方法

（1）在短距离跑比赛中，认真观察和判定自己所认看的名次，每名裁判员看一个名次，同时兼看一个邻近的名次。由2名裁判员专看第3、第4名和第5、第6名。（见表13-3）

表13-3 终点裁判员认看名次分工

裁判员认看名次	第一人	第二人	第三人	第四人	第五人	第六人	第七人	第八人	第九人	第十人	终点主裁判
主看名次	1	2	3	4	5	6	7	8	3、4	5、6	总名次
兼看名次		1	2	3	6	7	8				

（2）运动员起跑后，特别是后程，裁判员要注意观察运动员的名次变化。判定名次时，视线必须与终点线后沿垂直面成一直线。运动员到达终点时，首先认准自己认看名次的特征，然后再辨认其道次和号码。

（3）在800米和1500米比赛中，采用按名次分工。当运动员到达终点时，记录自己认看名次的号码的特征。如运动员人数较多，可根据裁判人数，采用保证前6名有专人负责，以后名次由裁判员兼看的方法，或由一人报运动员到达终点先后的号码次序，另一人记录的方法。

（4）在中长距离跑的比赛中，应设专人负责报圈和报运动员到达终点的名次。

(5) 在中长距离跑的比赛中，为了准确地判定名次，必须做好记圈工作，记圈的方法如下：

①人盯人法。每名裁判员负责1～4名运动员的记圈、报圈工作。当运动员每圈跑到终点时，负责该运动员的裁判员应记录并向运动员报告剩余圈数。当运动员最后一圈只剩四五十米时，要将运动员的号码报告裁判长，以便及时报告该运动员到达终点的名次。

当前，普遍采用的方法是终点组担任总记圈和报圈工作、人工计时组采用"人盯人到底"的方法完成记圈、计时工作。

②总记圈表法。将全体终点裁判员分为三组：第一组为总记圈组，将运动员通过终点时的号码依次记在总记圈表上。第二组为脱圈组，注意观察领先运动员与落后运动员之间的距离变化，当出现脱圈时，及时将脱圈运动员的号码记入已跑圈数格内，当脱圈运动员距终点10～15米处时，要口头通知运动员剩余圈数。第三组为报圈组，当领先运动员进入终点直道时，要用报圈牌显示剩余圈数，当领先运动员还剩最后一圈时，要摇铃示意。

（六）计时工作

计时工作的主要任务是准确、迅速地计取径赛运动员的成绩。计时方法有人工计时和全自动电子计时两种（本节只介绍人工计时）。

1. 计时主裁判的职责与工作方法

（1）计时主裁判受径赛裁判长领导，负责组织全体计时员准确计取每位运动员的比赛成绩。

（2）计时主裁判在赛前要根据计时员的人数、跑道数、中长距离比赛每组运动员的人数等情况，明确每位计时员的具体分工。在分道跑或部分分道跑项目中，每3人为一计时小组，按道次分工计取运动员成绩；在不分道跑项目中，除保证第1名运动员有3名计时员计取成绩外，其余计时员可根据需要分别计取1～2名运动员的成绩。

（3）每组比赛前，将成绩记录卡片分发给各计时小组，并向计时员宣布比赛的组别、人数及道次；当终点裁判长向发令员示旗后，计时主裁判应通知计时员做好准备；发令员发出"各就位"口令时，计时主裁判应发出"上道"的口令；当发令员举枪时，应发出"举枪"的口令，通知计时员注意烟屏。每组比赛结束后，收取并审核成绩记录卡片，签字后交终点记录员。

（4）赛前应了解各项径赛的最高纪录，如遇破纪录，计时员应立即报告计时主裁判，计时主裁判核对无误后，报请径赛裁判长和总裁判长复核签字。

（5）如遇计时员计取的成绩与终点裁判员判定名次不一致时，应在径赛裁判长

项目十三 田径运动场地与竞赛常识

的召集下,会同终点主裁判协商解决。一般以终点裁判判定的名次为准。

2. 计时员的职责与工作方法

(1)计时台应设置在跑道外突沿外侧终点线的延长线上。计时小组按道次自上而下排列坐定,小组长居中为一号表,左右边计时员为二号和三号表。计时员应独立工作,不得相互对表,也不准私自向他人宣布成绩。组长负责记录卡片,另外两位计时员监视记录并兼看名次,三号表计时员还应负责填写计时存查统计表。

(2)当计时主裁判提示"运动员上道"时,计时员应认清本道运动员的特征。当计时主裁判提示"举枪"时,计时员应注意烟屏,并按下秒表第一道簧,见到枪烟(或光)后开表。开表后应检查秒表运行是否正常,如有故障,应立即向计时主裁判报告,安排候补计时员替补(替补的顺序应事先规定)。如无故障,应注视运动员的跑进。当跑至离终点还有20米处,按下秒表第一道簧,这时以主要目光看终点线后沿的垂直面,用余光看运动员。当运动员的躯干的任何部分到达终点线后沿垂直面的瞬间停表。停表后,计时员应继续跟踪本道运动员看清其号码,然后向小组长报告本人所记成绩。填写成绩卡时,应将每名计时员所计成绩按0.01秒填写在分表栏中,然后按规则换算成0.1秒填写在决定成绩栏中。

(3)不分道的比赛,一般采用人盯人的方法,每名计时员计取1名运动员的成绩,并将该运动员的每圈成绩记录在记圈表上(见表13-4),随时与终点裁判员所示圈数核对。如发现所示圈数与本人所记圈数不符,应立即报告计时主裁判,由计时主裁判与终点主裁判核对。当所负责的运动员脱圈后,应立即通知终点报圈员,由其负责向运动员报告所剩圈数。运动员到达终点后,认真填写成绩卡。

表13-4 10000米分段计时记圈

子组　　　号码　　　单位　　　　　小号码

停表次数	已跑圈	已跑米	成绩	剩余圈
1	1	400		24
2	2	800		23
3	2.5	1000★		22.5
4	3	1200		22
5	4	1600		21
6	5	2000★		20
7	6	2400		19
…	…	…		…
30	25	10000★		0

计时员:　　　月　日

注:印制在32开纸上。★号表示已跑完的整千米。

（4）在部分分道跑的比赛项目中，一般采用按道次计时的方法。计时员要盯住运动员，熟记运动员的号码和特征，避免跑到后找不到运动员。4×400米接力赛，更要熟记运动员的单位和第四棒运动员的特征，盯人盯队到底。也可采用按名次计时的方法，当最后一棒运动员接近终点时，看准自己所记的队员的号码、名次和时间，准确记录下来。

（七）检查工作

检查裁判的主要任务是赛前复查径赛场地、器材，赛中检查径赛运动员有无犯规情况。

1. 检查主裁判的职责和工作方法

（1）赛前带领检查员检查场地、栏架、障碍架、水池等是否符合规则要求，并熟悉栏架的升降，确认障碍架、栏架及接力区的位置。

（2）确定检查员位置、检查区域和联络旗示，制定各项比赛裁判员进出场与换项路线。

（3）在每组跨栏、障碍、接力跑项目比赛前与各检查员用旗示联系，询问是否准备就绪。然后用旗示与终点主裁判联系，表示准备就绪，可进行比赛。

（4）每组赛后，如检查员给旗示表示出现问题，检查主裁判应亲临现场，根据检查员的报告和复核情况提出处理意见，并立即报告径赛裁判长。

2. 检查员的职责和工作方法

（1）检查员按检查主裁判分配的位置及任务负责检查工作，特别是跨栏项目要在赛前复查栏间距离和栏架高度及障碍架的位置等。

（2）接力赛跑时，各接力区检查员要核对运动员的单位、道次、号码，并组织上道，然后注视终点，准备回答检查主裁判的旗示询问。

（3）赛中如发现运动员犯规或其他人员违例时，应立即鲜明地标出犯规地点。将犯规运动员的号码、组别、道次、犯规情况及受影响运动员的号码、道次、受影响程度记录在检查员报告表上。（见表13-5）

3. 不同径赛项目检查的重点和难点

（1）分道跑项目（包括部分分道跑项目）。

检查重点：跑出自己的分道，妨碍他人；弯道跑时踏上或越过左侧分道线；部分分道跑项目中是否提前切入里道等。

检查难点：由于分道跑的比赛项目，运动员跑速较快，对运动员犯规一瞬间的情况较难看清、抓准，要求检查员全神贯注地观察，目光随运动员跑进而移动。

项目十三　田径运动场地与竞赛常识

表 13-5　检查报告

组别　　　项目　　　赛次　　　组次

犯规运动员号码（道次）	
犯规情况及违反条例	
检查员意见	
检查主裁判意见	
径赛裁判长意见	
总裁判长意见	

检查员：　　年　　日　　时　　分

注：此表背面印跑道图，以便检查员标出犯规地点。

（2）不分道跑的项目。

检查重点：起跑后加速跑段，为了抢占有利位置或在超越对手时所发生的冲撞、推挤、阻挡或踩踏他人的现象。

检查难点：起跑出发时或在赛中运动员形成密集集团跑进，犯规者和受影响者的详情难以分清，要求检查员掌握每个运动员的特征，特别要注意激烈争夺时位置的变化。

（3）跨栏跑、障碍跑项目。

检查重点：运动员跨越栏架或障碍架瞬间，其脚或腿是否低于栏顶水平面；手臂的摆动是否影响他人；是否有意或无意踢倒栏架等。

检查难点：由于呈现为空中犯规现象，所以造成判断困难。要求检查员选择观察的位置要准确。检查弯道栏时，要选在每排栏架的斜前方，而直道栏比赛中，起跑线后要安排检查员。3000 米障碍跑中，要全面观察运动员跨越水池是否有犯规现象。

（4）接力跑项目。

检查重点：是否在接力区内完成传、接棒动作；接力棒在接力区内掉落，是否由掉棒运动员重新拾起；运动员传出接力棒后，在离开跑道时是否阻碍他队运动员前进等。

检查难点：由于 4×100 米接力速度快，又是以接力棒为准来判定是否在接力区内完成传、接棒，因此判定难度大。观察时，既要看棒，又要看接力区。检查员的目光应随运动员进出接力区而移动，并注意察看整个接力区的情况。

（八）终点记录的职责与工作方法

终点记录工作的主要任务是在径赛项目每组比赛结束后，迅速准确地填写起终点用表，经径赛裁判长签字后交编排记录公告组。

每组比赛前，将运动员的成绩记录卡片交计时主裁判。每组比赛结束后，向终点主裁判、计时主裁判、风速员收取有关表格，并了解有无犯规情况。如有犯规情况，则将径赛裁判长和总裁判签字后的检查员报告表附在犯规运动员的成绩记录卡片上，并填写"径赛检录表"。如发现成绩与名次不符，应交径赛裁判长解决。

三、田赛裁判法

田赛包括跳高、跳远、三级跳远、撑竿跳高、铅球、铁饼、标枪及链球等比赛项目。比赛时，在田赛裁判长的领导下，分跳部裁判组和掷部裁判组执行裁判工作。

（一）田赛成绩计量单位与计取方法

1. 田赛项目的成绩计量单位与丈量方法（见表 13-6）

表 13-6 田赛项目的成绩计量单位与丈量方法

项目	计量单位	丈量方法
跳高 撑竿跳高	1 厘米	须使木尺从地面至横杆上沿最低处垂直丈量
跳远 三级跳远	不足 1 厘米 不计	从身体任何部分着地最近点至起跳线或其延长线直角丈量
铅球	不足 1 厘米 不计	须从器械着地最近点取直线，通过投掷圈（起掷弧）至圆心，以着地最近点量至投掷圈（起掷弧）内沿
标枪 铁饼 链球	不足 1 厘米 不计	

2. 田赛项目名次判定与成绩相等的处理方法

（1）远度项目。

①运动员超过 8 名时，每人先试跳或试掷 3 次，成绩最好的前 8 名运动员再试跳或试掷 3 次，并按前 3 次名次排序再试跳或试掷，排第 8 名成绩者先跳或先掷，排第 1 名成绩者最后试跳或试掷。倘若第 8 名成绩相等，则成绩相等者均可再试跳或试掷 3 次。只有 8 名或不足 8 名运动员参加比赛，则每人都可试跳或试掷 6 次，但是前 3 次试跳或试掷后根据成绩重新排序进行后 3 次的试跳或试掷，成绩最差者先跳或先掷。以比赛 6 次试跳或试掷中最好的一次成绩作为个人最高成绩，以最高成绩排列名次。

项目十三　田径运动场地与竞赛常识

②比赛中如最高成绩相等时，应以其次优成绩判定名次；如次优成绩仍相等时，则以第三较优成绩为准；以此类推。如仍相等，并涉及第1名者，令成绩完全相等的运动员按原比赛进行新的一轮试跳或试掷，直到决出名次为止。

（2）高度项目。

①田赛的高度项目中，以运动员最后试跳成功的高度作为个人的最高成绩，以最高成绩排列名次。

②如成绩相等，按下列办法录取名次：在最后跳过的高度上，试跳次数较少者名次列前。

如按上述办法还不能分出名次时，应将包括最后跳过的高度在内的全赛中，试跳失败次数较少者名次列前。（见表13-7）

表13-7　成绩相等时名次的录取办法（跳高）

试跳运动员成绩	1.78米	1.82米	1.85米	1.88米	1.90米	1.92米	1.94米	1.96米	1.98米	最后跳过高度试跳次数	失败总次数	名次
甲	-	×○	○	×○	-	××○	×○	○	×××	1	5	1
乙	○	○	○	×-	×○	××○	××○	○	×××	1	6	2
丙	○	○	×-	○	××○	××○	○	×○	×××	2	6	4
丁	○	○	-	××○	××○	×○	××○	○	×××	1	7	3

注：-免跳；○成功；×失败。

如仍不能判定出名次，并涉及第1名时，则令成绩相等的运动员在其造成成绩相等的失败高度中的最低高度上，每人再试跳一次。如仍不能判定，则横杆应提升或降低（跳高为2厘米，撑竿跳高为5厘米）。他们应在每个高度上试跳一次，直至决出名次为止。决定名次的试跳，有关运动员必须参加。

如涉及其他名次时，成绩相等的运动员名次并列。

（二）田赛裁判长的职责与工作方法

（1）领导田赛各项目主裁判及全体裁判员做好裁判工作。掌握比赛进程，解决比赛中出现的问题。可设两名田赛裁判长，一个负责跳跃项目的裁判工作，另一个负责投掷项目的裁判工作。

（2）按计划组织各裁判组严格检查场地、器材、设备及其他所需物品。组织各

裁判组进行现场实习，各裁判组要定岗、定位，明确岗位任务，并熟练掌握工作方法。

（3）拟定跳高和撑竿跳高的起跳高度和升高计划。

（4）根据规则精神，解决田赛各项比赛中出现的问题。对犯规运动员，应根据具体情况提出警告或取消比赛资格或录取资格（警告出示黄牌，取消比赛资格出示红牌。这两种处分均应填入比赛卡片）。若对取消运动员比赛资格不能做出决断或有疑难问题不能解决时，应签署意见报请总裁判长解决。

（5）运动员在试跳或试掷中，如受到别人的影响而有损失时，可使其重新试跳或试掷。

（6）当收到运动员本人或其代表的口头抗议时，要经过调查研究，做出公正的裁决。如不能解决，应立即报请总裁判长裁决。

（7）根据规则精神，田赛裁判长认为有必要变更比赛场地时，报请总裁判长批准。待所有运动员试跳或试掷完一轮次后，再行变更。

（8）高度项目比赛，当运动员试跳高度破纪录时，应亲临现场监督丈量高度。其他项目比赛，如遇破纪录的情况，应及时检查核对成绩，并及时报请总裁判长到比赛现场审核。

（9）每项比赛结束后，应及时认真审核成绩和名次，无误后签字。

（三）跳跃项目裁判的职责与工作方法

跳跃项目包括高度项目和远度项目，跳部主裁判可将全体人员分为高度裁判组和远度裁判组分别进行裁判工作。

1. 跳部主裁判的职责与工作方法

（1）跳部主裁判负责解决和处理跳跃项目比赛中的有关问题，领导跳部裁判员做好跳跃项目的裁判工作。

（2）赛前组织裁判严格检查场地、器材，并熟悉器材性能。

（3）掌握比赛进程，监督、检查各项成绩的丈量，复核最后成绩。破纪录时，必须认真核实场地、器材、成绩等，签字后报告田赛裁判长，并请总裁判到现场审核。

（4）审批运动员的请假事项。

2. 高度裁判组的分工职责与工作方法

（1）记录员：赛前30～40分钟在检录处按秩序册点名，并检查运动员的号码、服装、钉鞋、自备撑竿及所带物品，然后带运动员至比赛场地。不符合要求者不得带入场地。运动员进场后，向其宣布起跳高度、提升高度计划、试跳顺序以及注意事项等；登记起跳高度；比赛时向运动员宣布将要试跳的情况；准确填写田赛高度记录表。

（2）起跳点裁判员：判定试跳成功与否，并示旗。试跳成功上举白旗，试跳失败上举红旗，停止试跳红旗平举。提升横杆时负责高度丈量。

（3）时限裁判员：根据起跳点裁判员的旗示，负责掌握运动员每次试跳的时限。一般与记录员坐在一起，并检查记录员的记录是否有误。

（4）放置横杆裁判员（2人）：负责放置横杆及横杆的升降。放置横杆时，可在横杆上做一记号，使横杆的每一个面始终朝着各自原定的方向。横杆两端与立柱之间至少有1厘米的空隙。协助起跳点裁判员判定试跳是否犯规。如进行撑竿跳高比赛，还负责接护撑竿和移动运动员所报的撑竿跳高架的位置。

3. 远度裁判组的分工职责与工作方法

（1）记录员、时限员（参看高度裁判组的分工和工作方法）。

（2）起跳点裁判员：判定试跳成功与否，并举旗示意。当进行三级跳远时，应与检查三跳中途的裁判员密切配合，取得一致意见后举旗示意，成功上举白旗，失败上举红旗。当暂停比赛时，在助跑道距起跳板的适当距离，适时放置暂停比赛的标志，移开停赛标志则表示继续比赛。如无停赛标志设置，也可平举红旗表示暂停比赛。负责检查橡皮泥显示板是否符合田径规则的要求，并检查其放置的位置是否合适。丈量员丈量运动员试跳成绩时，应向记录员宣告试跳成绩。

（3）落点裁判员：负责落点痕迹的判定。在落地痕迹的最近点插上铁签，用钢尺丈量时，注意"0"点对准铁签。指挥和检查平整沙坑的工作。

（4）成绩丈量员：与落点裁判员密切配合，丈量运动员的试跳成绩。协助起跳点裁判员判定运动员起跳时是否犯规并审核起跳点裁判员宣告的成绩。

（5）风速测量员：及时准确地测定跳远、三级跳远比赛时的风速，并予以记录和公布。

（四）投掷项目裁判的职责与工作方法

1. 掷部主裁判的职责与工作方法

（1）掷部主裁判负责解决和处理投掷项目比赛中的有关问题，领导裁判员做好投掷项目的裁判工作。

（2）赛前应严格检查场地、设备、器材及投掷器械。

（3）严格执行竞赛规则，协助内场裁判员判定运动员试掷是否犯规。

（4）掌握比赛进程，监督、检查各项成绩的丈量，审核最后成绩。破纪录时，必须认真核实场地、器械、成绩等，签字后报告田赛裁判长，并请总裁判到现场审核。

（5）审批运动员的请假事项。

2. 投掷各裁判组的分工职责与工作方法

（1）记录员：比赛前30～40分钟到检录处按秩序册点名，然后将运动员带至比赛场地，宣布运动员试掷的顺序，记录并复诵运动员的试掷成绩。比赛结束后，排出运动员的名次，核实无误后在成绩记录表上签字，交主裁判审核签字。

（2）内场裁判员：掌握比赛时间，控制比赛进程；根据规则判定运动员的试掷是否犯规，并以旗示显示。宣读运动员试掷成绩的丈量结果。

（3）落点裁判员：负责管理外场裁判员，判定器械落地是否有效，负责确认器械首次触地点。

（4）外场裁判员（2～3人）：负责在器械落地痕迹的最近点插好铁签，负责拉钢尺丈量成绩，并负责将器械运回内场。

（5）时限裁判员：根据内场裁判员准许试掷的旗示开表，计取运动员是否延误试掷时间，一般情况下与记录员在一起，并检查记录员是否有误。

（6）丈量裁判员：测定试掷成绩。在内场按规则规定拉钢尺丈量成绩。

投掷项目裁判员的位置见图13-4。

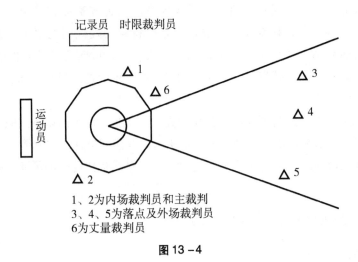

1、2为内场裁判员和主裁判
3、4、5为落点及外场裁判员
6为丈量裁判员

图13-4

3. 投掷裁判的旗示

（1）内场裁判使用红、白两面旗，成功上举白旗，失败上举红旗。

（2）外场落点裁判员使用一面红旗。试掷有效不举旗，试掷失败上举红旗。器械出界，上举红旗，然后指向出界方向。

（3）内外场旗示的配合：内场试掷犯规，由内场裁判员上举红旗，外场落点裁判员不举旗。外场落点无效或器械出界，由外场落点裁判员上举红旗，内场裁判不举旗。如遇试掷时内外场裁判都判犯规，则都上举红旗。

（4）内场裁判红旗平举，表示禁止试掷；撤掉红旗，表示准许试掷，时限开始。

（五）田赛项目比赛中请假的处理

在比赛中，如运动员有特殊情况或因运动员兼项需要请假，主裁判可允许其不按原规定的顺序，先试跳（掷）一次，但不能要求将应该试跳（掷）的次数连续做完。回来后如果已错过本轮次试跳（掷）的顺序，一律不补，但可参加下一个轮次的试跳（掷）。

田赛中的轮次：高度项目，以一个高度为一个轮次；远度项目，以所有运动员按顺序试跳（掷）完一次为一轮次。

（六）延误比赛时间的规定和处理

（1）田赛项目比赛时，运动员无故延误比赛时间，即不准参加该次试跳（掷），以失败论处。什么是"无故延误时间"由主裁判酌情决定。如果比赛中再次无故延误，即取消运动员继续参赛的资格。但在此之前的所有成绩仍有效。

（2）下列时限一般不应超过。

①撑竿跳高为2分钟，其余项目为1.5分钟。根据裁判员准许试跳（掷）的旗示开始计取时间。

②在跳高和撑竿跳高（不包括全能项目）比赛的最后阶段，如只剩2或3名运动员时，跳高的时限增为3分钟，撑竿跳高为4分钟，只剩1名运动员时，增为5分钟和6分钟。

③同一运动员连续两次试跳（掷）之间的间隔时间，撑竿跳高不得少于4分钟，其他项目不得少于3分钟。

四、全能运动裁判法

（一）全能运动项目的名次判定与成绩相等的处理方法

（1）以各运动项目得分总和排列名次。

（2）如总分相等，则以在较多单项中得分多者为优胜；如仍不能决定，则以任何一个单项得分最高者为优胜。此法适用于比赛中任何名次的成绩相等情况。

（二）全能裁判长的职责与工作方法

（1）领导全能裁判组工作。如条件允许，应将裁判员分两组，分别负责男子全能和女子全能的裁判工作。

(2) 根据竞赛日程所规定的各项比赛时间，与各裁判组联系，准时开始比赛。应保证运动员在各单项之间的休息时间不少于 30 分钟。如单项之间的休息时间不足 30 分钟，应及时与编排记录组联系，进行必要的调整。

(3) 审核成绩并签字。

（三）全能裁判员的职责与工作方法

(1) 协助检录处进行全能比赛每天第一个项目的检录工作，后继项目在比赛前直接负责检录。带领运动员到达比赛场地，并将运动员交给有关裁判组的主裁判。

(2) 比赛后，领取经有关项目主裁判签字的成绩记录表。有风速要求的项目，还须取回风速记录表，附在成绩登记表上。根据"全能运动评分表"查分并计算出各单项得分及累积分，在下一项比赛检录前向运动员宣布，同时将全能成绩记录表送往编排记录组进行登记核实。

(3) 全能比赛最后一项（女子 800 米、男子 1500 米）进行分组编排时，应将倒数第二项比赛后累积分领先的运动员编在一组。

(4) 全能比赛结束后，要认真核实所有成绩、得分、累积分，并排出名次，经与编排记录组核实无误后，填写好成绩报告表，再经全能裁判长签字后，送编排记录组。

五、竞走裁判法

规则规定："竞走是运动员与地面保持接触、连续向前迈进的过程，没有（人眼）可见的腾空。前腿从触地瞬间至垂直部位应该伸直（即膝关节不得弯曲）。"由于田径规则对竞走技术做出了明确的规定，而且要求裁判时只能凭裁判员的眼睛来观察判定运动员的技术运作是否符合规则要求，这就使竞走裁判工作增加了很大的难度，并要求竞走裁判员确切了解、掌握竞走技术和裁判方法，公正准确地执行规则。

（一）竞走裁判工作人员的编制与位置

(1) 竞走裁判长：1 人，在记录台附近。

(2) 竞走裁判员：场地竞走比赛 5 人分在场地四周；公路比赛包括主裁判在内至少 6 人，最多 9 人。

(3) 联络员：4～8 人，每人负责 1 名裁判员的联络工作。

(4) 记录员：2 人，场地竞走记录台一般设在终点线的直道中央。

项目十三　田径运动场地与竞赛常识

（二）职责与工作方法

1. 竞走裁判长的职责与工作方法

（1）组织领导竞走裁判组，明确分工，确定各裁判员编号及各自的判罚区域。

（2）比赛中，与记录员密切配合，保证所有判罚卡片正确地填写在判罚记录表中，并显示给运动员。一旦确信某运动员已收到 3 名不同裁判员的 3 张红卡，则应举红牌立即取消该运动员的比赛资格。取消比赛资格的通知因故未能及时发出，可以在比赛终了补行通知，但不要在运动员到达终点后太久再宣布。

（3）竞走裁判长不行使竞走裁判员的权力而作为该比赛的督导裁判。

2. 竞走裁判员的职责与工作方法

在比赛中，负责检查运动员有无犯规情况，当运动员的动作有违反竞走定义的危险时，应予以警告，并向运动员出示警告牌（如图 13-5 所示）。当认为应取消某运动员的比赛资格时，则应填写红卡（见表 13-8），交联络员上报。每名裁判员对同一运动员最多只能填写两张白卡（一张代表"屈膝"，一张代表"腾空"，分别见图 13-5 左、右）和 1 张红卡。每次送卡后，要填写判罚统计表，以免出现差错。

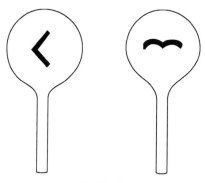

图 13-5

表 13-8　竞走运动员犯规卡片

组别
项目
犯规运动员号码
犯规时间
犯规性质
裁判员编号

3. 联络员

负责收卡送交记录员，并协助做好裁判长与裁判员之间的联络工作。

4. 记录员

负责整理联络员交来的白卡或红卡，填入总记录表，统计结果后及时报告裁判长。负责将红卡的统计结果显示给运动员。

六、编排记录公告、风速测量和宣告工作

（一）编排记录公告裁判工作

比赛进程中的编排记录公告工作，要求处理各种信息速度快、准确性高。因此每名裁判的分工要明确，职责要清楚。根据工作任务，一般有临场日程编排，竞赛成绩公告，记录、奖牌、总分统计和秩序册汇编等工作。

1. 临场日程编排工作

收到径赛项目的预、次、复赛成绩表后，应根据竞赛规则和竞赛规程规定的后继赛次录取办法，立即录取参加下一赛次的运动员，并进行分组。收到田赛及格成绩表后，应根据规则规定和本次赛会确定的及格标准，录取运动员参加决赛。此后，应由技术代表或指定的委托人（基层运动会为编排记录公告组）抽签决定组次、道次或顺序。上述工作完成后，应复印 5 份：一份交宣告、一份交汇编秩序册、一份交检录处、一份贴在成绩公告栏、一份留存。

2. 竞赛成绩公告

竞赛成绩公告工作，可分为径赛、田赛和全能竞赛成绩公告三部分。裁判员应熟悉各项比赛的记录和本次比赛运动员的水平，这样才能加快公告进度，并把好最后一关。收到成绩后，立即检查是否有有关裁判长的签名，如签名齐全，应视此成绩有效。然后将成绩复印，分别交宣告、总分记录统计并张贴在成绩公告栏，一份留存。

3. 统计总分、奖牌和记录

负责此项工作的裁判员要认真学习竞赛规程，熟记本次运动会比赛的计分办法，准备好男、女单项记分表，团体总分表，奖牌统计表和破纪录统计表。比赛中，收到决赛成绩后，应立即填写上述表格。全部比赛结束后，根据竞赛规程，立即计算出团体总分和总分排名情况，交总裁判宣布。

（二）风速测量员的职责和工作方法

（1）及时测定 200 米及 200 米（包括全能）以下的径赛项目及跳远、三级跳远比赛中的风速并准确地记录和公布。

项目十三 田径运动场地与竞赛常识

（2）直道跑的项目应从看到发令枪发出的烟或闪光开始计算平均风速，100米计10秒，100米栏和110米栏计13秒，200米从第1名运动员进入直道开始计10秒。跳远从运动员离起跳板40米处计5秒，三级跳远从运动员离起跳板35米处计5秒；助跑距离短于上述距离时，从运动员开始助跑时计算。

（3）测定径赛项目时，风速仪置于直道的中间。测定跳远及三级跳远时，置于离起跳板20米处。离跑道或助跑道边缘不得超过2米，离地面1.22米。风速仪旁应安装一个风标，使运动员了解风向和风速的大致情况。

（4）及时填写风速记录表和超风速报告表（见表13-9）。每项比赛后交终点记录员或有关裁判组。

表13-9 超风速报告

组别		项目		赛次		组次	
时间				平均风速		米/秒	

风速测量员：　　　年　　月　　日

（三）宣告员的职责与工作方法

宣告员的主要任务是宣传田径运动知识和有关会场秩序方面的注意事项，宣告参加各项比赛的运动员的分组名单、号码、单位、道次，宣告比赛进程和各项比赛成绩，并记录宣告成绩的时间。

思考与作业题

1. 介绍一下中国田径协会。
2. 解说全运会田径比赛。
3. 说一说国际田径巡回大奖赛。
4. 找一找当前我国国内举行田径比赛所使用的《田径竞赛规则》，说一说《田径竞赛规则》规定的大致内容。
5. 以100米（包括预赛与决赛）、铅球或跳高比赛为例，试述裁判工作的全过程。
6. 试述田径运动各项竞赛成绩的计量单位、计取丈量方法、名次判定与成绩相等的处理方法。
7. 简述全能比赛的裁判方法。
8. 到田径场上，说一说田径场的布局，认一认场地上的各种标志线。

参考文献

[1] 文超. 田径运动高级教程［M］. 2版. 北京：人民体育出版社，2003.
[2] 全国体育院校教材委员会. 田径运动教程［M］. 北京：人民体育出版社，1999.
[3] 刘永东. 田径运动实用教程新编［M］. 广州：广东高等教育出版社，2016.
[4] 中国田径协会. 田径竞赛规则（2014—2015）［M］. 北京：人民体育出版社，2014.
[5] 中国田径协会. 中国田径竞赛裁判工作指南［M］. 重庆：西南师范大学出版社，1995.